读客®文化

华与华文库之

包装设计的目的

好的包装会**自己销售自己**，详解华与华27个放上货架就大卖的经典包装设计

华杉　华与华商学院　著

江苏凤凰文艺出版社
JIANGSU PHOENIX LITERATURE AND ART PUBLISHING

图书在版编目（CIP）数据

华与华文库之包装设计的目的 / 华杉，华与华商学院著. -- 南京：江苏凤凰文艺出版社，2023.7
ISBN 978-7-5594-7384-4

Ⅰ. ①华… Ⅱ. ①华… ②华… Ⅲ. ①企业管理－营销管理－研究 Ⅳ. ①F274

中国版本图书馆 CIP 数据核字 (2022) 第 242808 号

华与华文库之包装设计的目的

华杉　华与华商学院　著

责任编辑	丁小卉
特约编辑	洪　刚
特约策划	李　瑶　　刘庆庆
封面设计	吴　琪
书籍设计	唐　旭
版式设计	别境 Lab
出版发行	江苏凤凰文艺出版社
	南京市中央路 165 号，邮编：210009
网　　址	http://www.jswenyi.com
印　　刷	河北中科印刷科技发展有限公司
开　　本	889 毫米 ×1194 毫米 1/16
印　　张	24.5
字　　数	215 千字
版　　次	2023 年 7 月第 1 版
印　　次	2023 年 7 月第 1 次印刷
标准书号	ISBN 978-7-5594-7384-4
定　　价	299.00 元

包装设计的哲学

华 杉

上海华与华营销咨询有限公司创始人

所有问题都是哲学问题。

对任何问题，我们都要以哲学级的洞察，制定原理级的解决方案。而任何事物的哲学本质，亚里士多德认为都基于两个基本概念：目的性的概念和必然性的概念。目的性是事物存在的目的，必然性则是如何能必然实现这个目的。“目的就是美，目的就是至善，”亚里士多德说，“研究的首要主题，那最主要的知识，乃是对目的的认识；而目的是每一种事物的善，一般说来，是整个自然中的至善。”这段话可以作为“止于至善”的解释，就是止于事物本来的目的。本书就是讨论包装设计的目的和达到目的的必然路径。

企业的目的、品牌的目的，也就是包装的目的，首先是两个：买我产品，传我美名。这一点，所有企业都一样，比如，盼盼食品有两个目的，一是希望顾客购买盼盼的产品，二是希望顾客推荐他的亲友购买盼盼的产品；就像华与华对客户，比如对盼盼，也有两个目的，一是希望盼盼继续购买华与华的服务，二是希望盼盼向他的企业界朋友推荐华与华。

当一个消费品包装，想要实现这两个目的——买我产品，传我美名，应该怎样实现呢？要顾客买下我，就得给他购买理由——足以打动他购买的理由；要他传我美名，向亲友推荐，除了产品让他满意之外，还要在包装上直接提供给他推荐用语，以及他可以用语言描述的包装的样子。这推荐用语，必须是他最能想起也最愿意使用的。那么，这推荐用语，和打动他的购买理由，最好是同一句话。这就是华与华方法说的——广告语不是我说一句话给他听，而是我设计一句话让他去说给别人听。而在他推荐这个产品的时候，他怎么介绍、怎么描述，才能让他的朋友记住并找到这个产品呢？这就是包装设计要解决的问题，购买理由和设计的可描述性。比如厨邦酱油，他会说："我跟你说，你就用厨邦酱油，晒足180天，绿格子包装的那个！"达成这个结果，就是我们在设计包装时考虑的问题，或者说，是我们的设计战略。

包装设计，"文案"比"设计"更重要——如果"设计"只是狭义地定义为图形处理加排版的话，则本书所说的"设计"，可以理解为"文案"加"设计"，而且"文案"比"设计"要重要得多！因为传达信息的主要是文案，而大多数包装设计的问题，都是文案不足、字体太小、信息量不够。这就是为什么我一直推崇椰树牌椰汁的包装设计，因为它的信息量又大又强，所以提供了强大的购买理由，从而有了强大的销售力。华与华总是强调要把字体加大加粗，就是因为那是信息所在！麦克卢汉说："商品即信息。"产品包装，本身就是一个信息包，没有信息，就没有意义。

有人会说奢侈品的包装不适用这个道理。这是错误的。包装设计是设计一个信息，和周围的一切信息竞争消费者的注意力。奢侈品产品包装没有竞争，因为都是专卖店，产品包装只注重体验，而不是与旁边的兄弟产品竞争，而且，奢侈品的陈列，不陈列包装，只陈列产品，购买之后才给你包装。奢侈品的信息竞争在哪里呢？一是在门头上，二是在产品本身上，战场都在大街上，同样是要让人一目了然。

平面设计，一般被称为"视觉传达设计"，比较模糊，我更愿意称之为"视觉刺激信号设计"，由"信息"，再明确为"信号"，发信号，发送刺激信号，才是它的本质。从刺激信号的角度认识，才更具有学术性和指导性。什么学术呢？就是巴甫洛夫的生理心理学。巴甫洛夫有两句话：

> 人的一切信号都是刺激反射行为。
>
> 刺激信号的能量越强，则行为反射越大。

不仅心理学，微观经济学也用"信号"来解释广告——广告就是企业向顾客发信号。

你说，他说的是广告，不是包装啊。包装就是广告，是广告之本。广告始于包装，也服务于包装；从包装出发，以包装为终点。

包装就是一个刺激信号，谋求消费者的两个行为反射：买我产品，传我美名。你的设计，要发出信号，发出有效的信号，发出强烈的信号。如果你的设计没有发出信号，就像手机没信号一样，消费者接收不到。

以上所说的，都是消费者面对包装的情景。我们把时间线往前推移，当消费者还没有看见包装的时候呢？在卖场琳琅满目的货架上，在手机快速刷屏的运动中，怎么能让他看见你？这就是包装设计的"惊鸿一瞥之道"，就是华与华所说的"货架思维"，如何在货架上，不管是物理货架还是电子货架上，获得陈列优势。如果没有这一步，也就没有下一步了。包装的刺激信号，必须能百步穿杨，而不是贴身肉搏。我们很多人设计包装，只在电脑上看，或者打样出来摆在会议桌上看，那也是流程错误。因为包装设计不只是包装设计，还是货架设计。并且，货架上的其他部分已经给定了，你的任务，是设计其中很小的一部分，让这一部分获得对其他所有邻居的“陈列优势”。

读客读书的封面设计，和其他所有出版机构都不一样，因为传统的“书籍装帧设计”都是“书房思维”“藏书思维”，是以家里的书房藏书为场景。读客的封面设计是“货架思维”，以书店的货架陈列和网上商城的手机屏幕货架为场景。华楠说，封面设计首先要“抓眼球”，让它在货架上被发现，被拿起；然后，是设计购物者眼球转动的次序，也就是阅读次序，以最快的速度阅读理解，文案、图形处理和排版，要形成一种滑滑梯式的效果，让购物者“坐着滑滑梯，滑到收银机”。他这段针对图书封面设计的话，也适用于一切消费品包装设计。

发现→拿起→阅读→理解→决策→购买，每一步都有设计。比如在设计《华杉讲透〈孙子兵法〉》图书封面的时候，华楠专门设计了一个腰封，上面四个大字——先看封底！这“先看封底”起什么作用？就是促使购物者把书拿起来！这就是包装设计的战术观念。

除了战术，还有战略。什么战略？品牌战略，企业战略。华与华的包装设计，不是“体现”战略，而是“发动”战略。为什么呢？因为包装是品牌最大的媒体，是比央视、新潮梯媒、淘宝、抖音还要大的媒体，这是华与华的“元媒体理论”。央视、新潮梯媒、淘宝、抖音等是“延伸媒体”，包装是“元媒体”，是品牌自己的、永远的、免费的媒体。包装设计，就是企业战略的重心和决胜点，比如，厨邦用统一的绿格子包装，从以酱油为主的调味品品牌，转型为食品品牌。其中最大的战略，就是所有品类统一用绿格子包装。如果是按很多人想当然的那样，用不同颜色的格子区分不同的品类，就破坏了这一战略，因为“区分”并不是最终目的，不是正确的目的。葵花药业的儿童药战略，更是以葵花娃娃这一品牌角色统一包装，建立了儿童药王国。《孙子兵法》说：“知战之地，知战之日，则可千里而会战。”2007年第一则广告“小葵花妈妈课堂开课了”建立葵花娃娃品牌形象，并在所有儿童药包装上以葵花娃娃为主视觉——这就是“知战之地”，战场就是产品包装。到2022年的“孩子怕上火喝什么？小葵花露呀小葵花露”，掀起小葵花露的旋风，这是2007年开始的时候就知道的，有今天这样的一场战役，这是“知战之日”。同样，我们也知道未来的更多战役，都是这样展开。蜜雪冰城的包装设计，则是从门头、饮品包装、品牌周边，把元媒体战略做到了极致。

所有的事都是一件事，包装设计并不是一项独立的设计工作，也不仅仅是包含在品牌战略之中，相反，包装设计本身包含了品牌战略和企业战略。

整体包含局部，局部也包含整体，这就是华与华方法的哲学。本书是华与华文库第一本关于包装设计的专著，也是一个包装设计书系的开始。

2022年9月8日于上海

零食 & 饮料

调味品 & 食品

茶 & 酒

药品

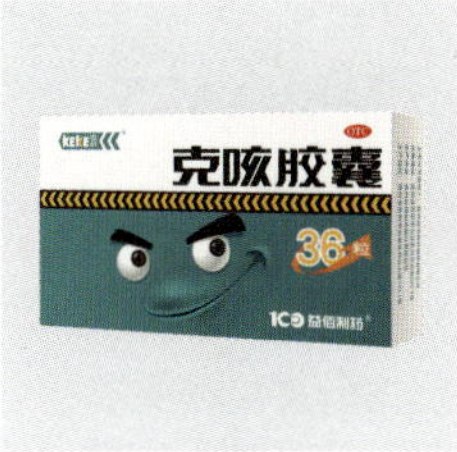

益佰
296

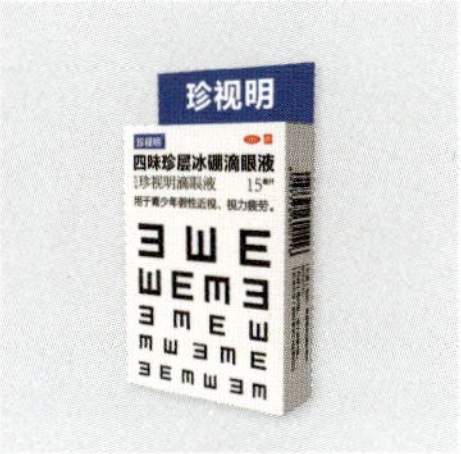

珍视明
320

生活用品

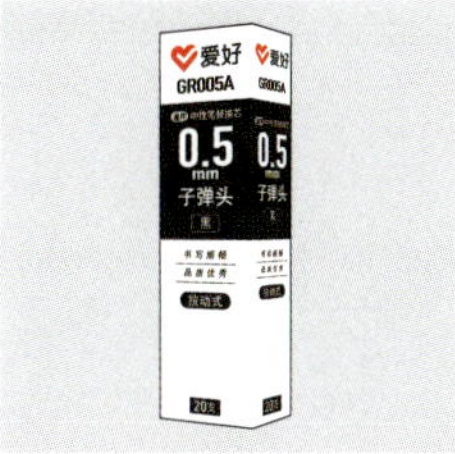

爱好
330

田七牙膏
340

世家洁具
350

炊大皇
360

SKG
370

目 录

第一章

华与华包装设计原理及方法

1.商品即信息，包装即媒体

1.1 从包装为产品服务到产品为包装服务

假设我此刻身在古代，地上有一堆米，这些米是我长途跋涉去苏州的路上吃的，我怎么把这一堆米带走呢？东抓一把，西抓一把？这样是没有办法带走我的米的。这个时候我便需要布袋子，这就产生了包装。能够让产品得以被运输，这是最原始的包装。换言之，包装的原始功能，是为了储存和运输产品，而不是为了销售。

后来，包装变得利于销售。一袋袋米放在米店，店家一袋袋售卖，这是为了让产品不受到磨损，便于携带，便于运输，便于保存，这个时候包装是服务于产品的，早期的大米和酱油都是这样卖的。早期的酱油包装是什么样的呢？在我们小时候，每家每户都有自己的酱油瓶，需要酱油的时候就去小卖部买。小卖部里的人拿着提勺（下面有底，上面没顶，一根竹筒），以提来计量，给消费者打酱油。你说要打三提，他就用漏斗给你的酱油瓶里装进去满满的三提。而这个时候，包装是消费者自己提供的，此时的包装就是为了储存和运输。

再后来，商业愈加发达，手工作坊的酱油铺消失了，变成了酱油厂。酱油厂卖给消费者的就是以瓶为单位的酱油了，而酱油瓶上面也有了字，写着“酱油”，甚至还写着“厨邦酱油”。

当包装上没有字和符号的时候，包装是为产品服务的；当包装上有了字和符号以后，包装和产品的关系就发生了逆转，变为产品为包装服务。

产品怎么为包装服务呢？这个时候更有价值、更重要、更有生命力的是包装上的字和符号。如果这个酱油的质量不好，受损的是包装上的字，真正的受害者是包装上的字；如果这个酱油的质量好，受益的就是包装上的字。因为产品为包装服务，这个时候为了让包装上的字变得有魅力，我们必须提高产品的质量，必须让这个酱油香，让这个酱油鲜，让这个酱油好吃，从而使包装上的“厨邦”这两个字，变得更有价值，更有前途。

1.2 包装是品牌最重要的元媒体

华与华以华与华方法而闻名，而华与华方法的闻名，不仅在于超级符号思想降低了营销传播成本，奠定和积累了品牌资产，更在于华与华的元媒体理论和元媒体开发技术，让企业不需要在传统媒体上投入海量广告，就能建立品牌。

在华与华方法的媒介环境学理论中，我们把媒介分为“元媒体”和“延伸媒体”。

延伸媒体，是我们需要花钱购买才能使用的媒体，不管是线上还是线下，室内还是户外，比如电视、网络、机场广告牌等。

元媒体，简单来说就是我们自己身上的、不花钱就可以使用的媒体。比如，对快消品来说，元媒体就是产品包装；对于门店来说，元媒体主要就是门头和店面。华与华之前提出的全面媒体化，实际上就是我们对元媒体的应用。

华与华之所以突出元媒体的重要性，第一是因为中国企业普遍不重视或者认识不到元媒体的重要性。品牌方在做一个产品的时候，它可能会很在意怎么去定位，怎么去拍广告。而在对元媒体的应用上，多数人不重视，少数人重视但不懂，真正懂的只是很少很少的一部分人。然而一旦企业放弃了元媒体，其实它就错过了对最大媒体的使用。第二，实际上我们的品牌超级符号，往往也都是使用在元媒体上。但由于企业没有这个意识，没有足够重视元媒体，那么也就造成了没有品牌资产的积累。

总结来说，华与华的元媒体理论共有以下 10 条。

1. 华与华把媒体分为元媒体和延伸媒体。

2. 元媒体有两类，一是商品本身及其包装，二是人。延伸媒体指通常语境下的一切媒体。

3. 元媒体是免费的，延伸媒体是要付费的。

4. 元媒体比延伸媒体有用得多，并且具备重大战略价值，但是不为常人所知。人们往往在延伸媒体上花费大量金钱，却对元媒体没有认识。

5. 商品即信息，包装即媒体，包装和店面是最重要的元媒体。

6. 元媒体开发，是华与华超级方法的核心应用。

7. 以超级符号，运用元媒体传播和建立品牌。品牌资产承载于元媒体。

8. 营销传播，是以媒体和渠道连接商品和人，而商品和人的媒体属性不为人知，所以华与华提出元媒体理论。

9. 作为元媒体的“人”，包括三种：企业员工、消费者和非消费者。

10. 对“目标消费者”进行传播是巨大的理论缺陷，其缺陷包括三个方面。一是假定传播的目的是售卖，忽略了传播的另一重大目的——扩大播传。二是假定自己知道目标消费者是谁，其实你不知道，来的都是客。三是误以为人们根据商品信息做出购买决策，实际上人们是根据综合的“社会信息”进行决策。

当站在消费者的视角观察，我们说包装就是产品。

为什么说包装就是产品？因为消费者在逛商场的时候，他看到的不是一个个的商品，而是一个个的包装，而且商品在运输过程中，整个销售链条上的销售员、经销商、同行看到的也是这个包装。包装是最大的媒体，是产品最重要的媒体，包装就是产品本身。所以，包装设计，往往是一个产品再开发的工作。

包装是最大的媒体，是不用额外花钱支付媒介费用的媒体，是品牌最重要的战略工具。如果你认为它是装帧、是装饰，它就只能发挥装帧、装饰的作用。但如果你认为它是战略工具，它就能发挥战略作用。包装设计，并不是比战略、品牌更低的层级，反而可以说，是包装包含了战略和品牌。

我们用厨邦绿格子来举例：消费者可能不知道厨邦，不认识厨邦，但是他们所有人可能都知道绿格子，认识绿格子，了解绿格子的含义——餐桌布、食物和食欲。所以这个绿格子，就完成了厨邦品牌的识别、记忆、价值传达，还有消费者的品牌偏好——对绿格子的好感移植到厨邦品牌身上。

因此我们说战略不是高高在上的，而是植入企业的每一个行动中，让每一个行动都具备战略意义和战略价值，要把包装设计当成广告设计，不仅是产品广告，也是品牌广告，为品牌积累品牌资产。这也是华与华方法所说的“所有的事都是一件事”，即企业战略、营销战略、品牌战略、产品开发、品牌设计、包装设计、广告创意等，所有的事情都是一件事。

2.包装设计的三大任务

包装的本质，不是一个商品包，而是一个信息包，是一个信息“炸药包”！这个信息包在商场或电子货架上，和其他信息包竞争，脱颖而出，引起消费者注意，并携带购买理由，炸开消费者的心智，达成购买。

有效的包装设计，能极大地降低品牌营销传播成本。

2.1 根本任务——获得陈列优势

包装设计能降低什么成本呢？首先是陈列成本——在货架上被发现的成本。我们的包装设计不是创作出来在博物馆聚光灯下做展览的，而是在琳琅满目的货架上，为了吸引消费者注意，打动消费者购买的。为什么人们说脑白金的包装“那么难看”，但是你走到超市第一眼肯定看到它，没看到它你也会看到黄金搭档？这就是产品包装的本质——获得陈列优势。

在互联网时代，货架和陈列优势的含义又有所改变，那就是屏幕成了货架，包括电脑屏、手机屏、平板屏和正在兴起的互联网电视屏。在电商时代，恐怕脑白金式的包装设计会获得更大优势，因为电商包装设计原则就是不用点击大图就能看清，就能打动人购买。“不用点击大图”的思维，就是电商时代的货架思维。你设计得再“好”，如果小图看不清，消费者不点击大图，一切都是白费。

在包装设计上，要有一个坚定的信念：我没有广告，也没有任何人听说过我，但只要我的包装摆上货架，它就能自己和消费者快速沟通，把自己卖出去。

2.2 创造消费体验

华与华致力于用包装设计创造和消费者互动的品牌体验，赋予包装更大的价值。

不同商品的包装，有不同的体验要求。作为礼品的保健品，有人抱怨其过度包装。一个大盒子，打开里面是一个大泡沫，泡沫里面的洋参切片，只有薄薄的一层！旁边放了几瓶鸡精，或许还有点别的什么。奸商啊！可是，当消费者想到花 50 元，就能拎着一个大而体面的礼盒去走亲访友的时候，这正是一个最恰当的包装。产品的开发者和包装的设计者，深刻地了解了使用者的需求、使用场景、使用心理，以及使用者有意愿、有能力付出的价格。为人民服务，呕心沥血地开发出产品，怎能武断地说他“过度包装”？他在包装上开一个窗口，让人看到一排排整齐的洋参切片，他特意放上几瓶鸡精，让这礼物拎起来又有一定的分量，这就是劳动人民的尊严和体面。

包装是一个仪式，是把我的一颗心包给你的仪式。就像我办一场婚礼，摆满了鲜花，你能批评我过度包装、浪费、不环保吗？

2.3 创造播传性

播传就是把“传播”两个字颠倒过来，不是我传一个东西让它播出去，而是我播一个东西出去让它自己传开来。

平时我们找广告公司投放广告，媒介广告公司会给我们讲千人成本，讲到达率，也就是说你能到达多少顾客，然后每到达 1000 个人的成本是多少。在传播里面，除到达率之外，最重要的是什么？华与华提出一个新的概念，叫传达率。就是它能传起来吗？能传给多少人？俗话说，一传十，十传百，百传千，也就是说它的传达率是十倍。比如说“新东方，老师好”，我花了一元钱使它传达到甲，现在我的一人成本是一元钱。然后甲把这句话告诉了乙，传达到乙我没花钱，那这样我的一人成本变成了五角。如果甲告诉了十个人，那我的一人成本就变成了一角。

所以，传达率比到达率权重高得多。传播的本质不是“传播”，而是“播传”，是发动消费者替我们传播。如果播给他个东西，他不会告诉别人的话，那么他就没有十倍的效应。如果他能一传十、十传百、百传千的话，就有十倍的效应，这就是传达率的概念。

如何使产品包装起到“播传”作用呢？在华与华的包装设计理念中，每一个包装都是一个移动的广告位。它主要体现在两个层级：包装使用过程中和使用后。

2.3.1 包装使用过程中的播传功能

包装就是移动的广告位，消费者购买完产品，提着产品的包装走在街上，每当有人看到该包装，就实现了一次播传。

例如，华与华为华莱士创意“W 鸡”的超级符号，并将它最大化放在每一个产品的包装上和外卖手提袋上，让包装成为“行走的广告位”，只要消费者提着华莱士的袋子走在街上，就能一眼看到华莱士的超级符号，因此通过包装就实现了品牌的二次播传。

2.3.2 包装使用后的播传功能

一款包装不仅在使用中，被提在手上的时候会有播传的效果，使用后的处置也同样能起到二次播传的作用。即使包装已经被损毁、变形，扔在地上或者是垃圾堆里，我们依然能够通过包装上碎片化的花边、符号、颜色、形状等，一眼判断出它是什么产品。

例如，华与华为江小白设计的蓝白格瓶盖，放在货架上的时候具有陈列的优势，即使是将其丢在垃圾桶里，抑或是踩碎了，依旧可以传播品牌信息，释放品牌信号。

3.包装设计的“超级符号”原理

3.1 文化母体

3.1.1 原理

商业思想只是它的表象，文化现象才是它的底层逻辑。如果你只是从商业思想去理解品牌，那就是隔靴搔痒。只有从文化的角度去理解，从文化的地基上深深地打下桩去，才能建立起品牌的大厦。

那么，怎样发挥出品牌的原力呢？“原”就是你从哪里来的。从哪儿来呢？从最古老的地方来，从人类几百年、几千年、几万年的历史文化当中来。我们把它称为“文化母体”。文化母体是整个养育我们的文化，是我们生活中循环往复、不断重复的那一部分，重复到成为我们所有人的共同经验、共同知识、共同观念。这些是我们与生俱来的、祖先传下来的、每个人都知道的，而且每个人的观念和行为都会受其影响，甚至会受其操控的文化。总结来看，文化母体的特征有四点：永不停息、无所不包、循环往复、真实日常。

文化母体一旦形成，就具有不可抗拒的力量，就一定会准时发生，发生的形式就是伴随着众多复杂的仪式、符号和道具。其特点是不可抗拒、必然发生，且发生是集体无意识、自发卷入。以春节为例，春节是一个基于中华传统文化母体的节日，是一出中华文化圈中的人共同会参与的巨大人类戏剧，它有庞大的仪式体系、符号体系、惯性和商业活动。

3.1.2 用包装实现品牌寄生

在文化母体的循环中，包装起到什么作用？

包装可以实现品牌寄生，包装可以使产品在文化母体中充当一个道具。而我们要思考的是，我们的包装要寄生在什么样的文化母体身上，我们的品牌又可以寄生在哪个必然发生的文化母体身上。

比如一本书的文化母体定为：这个人对西藏文化非常痴迷。凡是与西藏有关的话题，他都会积极参与。他想去西藏玩，他想了解藏传佛教，他想去布达拉宫看一看，他喜欢看西藏的蓝天白云……这个文化母体携带在他身上的时候，并不会体现在他的脸上，而是体现在他对西藏、对布达拉宫、对藏地、对彩条等的高度敏感。

所以我们用藏族人服装的彩条包书脊，并将书取名为《藏地密码》。彩条和“藏地”就能够唤醒他的母体活动，能使携带西藏文化母体的购买者瞬间苏醒，马上发生母体行为，而这个母体行为就是拿起这本书了解一下，看一看。

这就完成了包装的根本任务：获得陈列优势。

3.2 购买理由

3.2.1 原理

产品就是购买理由，当你要向消费者介绍一个产品的时候，你向他介绍的其实就是购买理由。

只有拥有明确购买理由的产品，才有畅销的可能性。所以产品开发的核心是寻找和确定购买理由，因为产品最终是在货架前被卖出去的。而在货架前能够卖出去，靠的是能够打动人的购买理由。

3.2.2 用包装设计放大购买理由

当我们设计一个产品包装时，我们首先要考虑，这个产品是通过什么手段、什么元素进行包装设计的。一本书的包装元素有哪些？有封面、腰封、前勒口、后勒口和书脊。一个酒店的包装元素有哪些？楼体是它的包装，楼顶广告牌也是它的包装。我们需要思考的是，应该如何使用这些包装元素来放大产品的购买理由。

每一个包装都能最精确地直达它的购买者，它的到达率就是100%。抓住这些包装的媒体属性，去放大它的购买理由。就像如果“爱干净，住汉庭”这六个字不是最大限度地放大并竖在楼顶，这个产品的购买理由就得不到最大限度的传播，因为消费者是通过购买理由与产品沟通的。

那么当我们要设计包装时，我们知道要放大购买理由。放多大呢？三个字——尽量大。什么是尽量大？字号要放大，符号要加强，色彩要鲜艳，冲击力要强，这些都是放大购买理由的方式。之所以要尽量大，是因为我们的产品最终是呈现在货架上，而货架是非常嘈杂的，每个产品都在“说话”。所以我们要和购买者产生沟通的话，音量就要够大。

比如你是用八磅的字，来写你的购买理由的时候，能够看到这八磅字的人，可能在一米开外；如果你用特大号的字来写购买理由，看到这个购买理由的人可能在五米开外。

3.3 超级符号

3.3.1 原理

前面我们说过，要用包装实现品牌寄生，唤醒文化母体。其实，符号也是包装寄生于母体的工具。

我们可以通过占领超级符号来占据文化母体，从母体中来，到母体中去，成为母体，壮大母体。例如，中秋节是全中国人民的文化母体，月饼则是这个节日最强势、最核心的符号。美国的哈根达斯，在包装盒上印上了嫦娥，推出哈根达斯冰激凌月饼，便进入了中秋节的文化母体。所以，只要顺理成章地进入这场仪式，就会有购买发生，因为参与这场仪式的人，认的只是符号。

在包装设计中，符号往往具备天然的视觉冲击力，它的意义就在于降低品牌被发现和被记住的成本。因此要追求“惊鸿一瞥”的效果，让消费者在惊鸿一瞥间，能立马认出你的品牌。

在具体方法上，我们使用符号，但绝不只是把品牌标志打得大大的，更重要的是形成独特的风格和符号效果。比如读客图书的黑白格子，我们选择它，最重要的原因是它有视觉冲击力，它能够在应用极小的情况下被看见，但我们不能仅仅使用传统符号这一个手段，还要精心调整，对它进行改造，改造的程度就是，它能够成为我们的注册商标，实现保护，形成我们的资产。

这就是从符号到超级符号的过程。超级符号是私有财产，它是通过对传统符号的改造，使之成为注册商标，成为私有化的财产，也就是通过占有它，让竞争对手无法使用。

3.3.2 重视包装整体的符号性

包装设计要重视产品整体的符号性。

产品是货架上的一个符号。首先不是在包装上如何突出信息，而是在货架上如何突出产品，所以要重视产品包装整体的符号性。比如厨邦酱油的包装设计，不是突出标志而是以一个绿格子的整体包装，在货架上创造了鹤立鸡群的优势。

第一个层次是在货架上突出产品；第二个层次就是在包装上组织符号和信息，提高包装的销售沟通效率。这也是通过包装设计降低营销成本的重要方法，我们称之为：让产品自己会说话！在包装设计上，我们强调把货架当广告位用，把包装当海报用。因为产品是最大的媒体，是企业可以百分百把握的自媒体。

那么在具体的设计中，包装整体的符号性应当如何体现？华与华方法认为包装的符号性不仅仅指品牌标志，而是包装上任何一个能让消费者在“惊鸿一瞥”间认出品牌的元素，都是该包装的超级符号。这个“符号”可以是一个品牌纹样、一个品牌角色、一个固定版式、一种独特的配色，甚至是包装本身的样子。

华与华的包装设计方法强调“机关算尽”，让包装上的每一个机关都能对消费者发起“进攻”。

使用纹样符号，绝不是把它无故放大，而是要形成独特的风格和符号效果，即使被撕成碎片，任意捡起一片，也保有品牌符号，能被识别。而品牌标志和品牌角色的创意，不是凭空创造的，而是要有原型，找到品牌的根，有了根再做创意，品牌才能生长。将“符号性”的元素用于包装，可以让包装在终端销售环境中快速被看见、被理解，从而有效降低包装的识别成本，这也是对品牌资产的不断积累与投资。

3.4 货架思维

3.4.1 原理

华与华将货架定义为：商品或品牌的信息和消费者发生沟通的地方。货架有什么特征呢？货架在中间，货架的这边是销售者，那边是消费者。货架包括超市里的物理货架、手机屏幕上的页面货架、广播电视上的媒体货架。所以，这个世界就是一个充斥着货架的世界。

然而，当我们在设计一个产品的包装，研发一个产品的时候，我们往往是在办公室，对着电脑。此时，因为信息呈现的地方是屏幕，所以我们的思维很容易被限定在一个屏幕里。我们以为我们在设定 3cm×5cm×10cm 的盒子，但是事实上信息载体一旦被投放出去，就进入了信息汪洋当中。因此，当我们要发送信息的时候，首先要考察货架环境：我们这条信息到达什么样的环境？在这样的环境里面，我们这个信息如何凸显出来？如何战胜这个环境当中其他的竞争对手？这就是我们说的货架思维。

我们的产品如何能够做到既成为一瓶饮料，而又和其他的饮料不一样，这是我们要思考的问题，这就是货架意识。我们要无时无刻不意识到货架，这是贯穿产品和品牌研发建设的全过程的，因为我们的信息无时无刻不在货架上，无时无刻不在竞争环境当中。

3.4.2 货架上沟通的发生

当商品静静地待在货架上时，它在渴望有人把它买走。但它真的是静静地待在那里吗？不是的。它是在很大声地销售自己，这是没有声音的“大声”，通过它上面的超级符号，通过它的产品名称，通过它的购买理由，通过它的颜色、条纹、形状，它在竭尽所能地吸引购买者的注意。当这个消费者的注意力第一次落在商品身上的时候，沟通的奇点就发生了。

我们讲沟通奇点的发生叫作“第一眼被看见”，被看见的同时要被理解。所谓被理解，就是消费者理解我们的购买理由，即理解我们是谁，我们是干什么的，我们提供什么样的价值，我们和别人有什么不一样，等等。这一切都在电光石火之间发生，一旦理解了我们的购买理由，消费者就只有两件事情可以做：一种是不需要我们的商品，并立即走开；另外一种是激发了他的购买欲望，引起了他的兴趣，于是他就会把商品拿起来看看。

沟通发生的这个奇点，比后续的购买体验要重要得多，我们要做的就是竭尽全力，让沟通得以发生。

我们要反复揣摩并模拟消费者经过货架的状态，如果是超市的货架，购买者从 5 米外走过来是怎么样的；当距离逐渐变近，变成 3 米、2 米、1 米的时候又是怎么样的。购买者经过我们的商品所在的货架时，他什么时候看到我们的商品，如何让他最先看到我们的商品。如果是在手机屏幕上，我们就要不断地模拟，当购买者滑动屏幕到我们的商品所在的这个页面时，我们的商品怎么从这个页面跳出来，让他第一眼看到。

我们要让消费者看到我们的商品或品牌，第一可以依靠视觉冲击力；第二就是购买理由，让消费者看到他感兴趣的东西。

3.4.3 沟通的关键点：阅读速度和顺序

我们经常做的设计都是平面设计，平面设计不像广播广告，广播或电视媒体的阅读顺序、阅读速度都是固定的。因此，我们要知道，规划平面媒体沟通的阅读顺序和阅读速度，是实现有效沟通和获得成功的关键。不论是一张海报、一个封面，还是一个包装，我们都要严格规定消费者阅读它的顺序，我们要反复调整并规划他先看什么、后看什么。

我们说，在沟通奇点上，我们的商品和消费者之间的沟通得以发生，而且在沟通发生的同时，我们向他传达购买理由。而所有接受了购买理由的消费者，在他的脑子里，在他的世界里，就只有这一个购买理由，不要打扰他，为他规划一个顺序，让他获取购买理由的证据，并且越快越好，让他迅速地通过文案、通过沟通，在心中证实这个购买理由，最终给出一个购买指令。

例如，我们一开始就告诉他，这是一部关于西藏的小说，给出一个购买理由——“一部关于西藏的百科全书式小说”，并罗列书中关于西藏的战争、西藏的文化、西藏的宗教等一系列相关的证据，最终给他一个购买指令——“了解西藏，必读《藏地密码》”。这就是整个沟通过程，有沟通奇点的发生，有准确的阅读顺序的安排。

阅读顺序怎么安排？中国人习惯的阅读顺序是，从上往下，从左往右，从大到小，然后还会有选择地先读颜色不一样的文字。为什么我们要把这个文字的颜色变得不一样？因为我们希望他先读到这里，这些都是对阅读顺序的安排，对整个阅读体验的安排。有时候我们让一句话放大或者换一种字体，是为了防止他阅读速度过快，或者是告诉他可以只读这句话。

整个阅读顺序、阅读体验规划好了，那该怎样加快阅读速度呢？我们可以用超级句式加快阅读速度，也可以用短语加快阅读速度。如果我们的句子有两个以上的转折，消费者就必须一个字一个字地读，阅读速度就一定会慢下来，从而极有可能停止购买。

所以，阅读顺序和阅读速度，是在货架前沟通的两个关键点。

4.包装设计的四大禁手

4.1 不要单独思考包装设计

广告创意和包装设计是一件事。先做广告创意，再做包装设计。

其实这个道理非常简单，在生产上就是一个后工序决定前工序的道理，但是大家往往都整反了。

很多企业是把包装设计和广告创意分开操作的，甚至先请设计公司做包装设计，再找广告公司做广告创意。错！广告创意和包装设计是一件事，是一次成型、一起完成的。如果说要分开，也是先有广告创意，再有包装设计，根据广告创意定包装。

华与华在为三精清开灵做包装设计时，是先对三精清开灵做了策略定位：三精清开灵是抗感冒、退烧、消炎三效合一的产品。有了这个定位，再用红、黄、蓝三个盾牌代表三种功效来进行包装设计，广告创意也围绕这三个盾牌展开。

所以说包装设计和广告创意是一件事。如果分开由不同的团队做，就不可能有这个效果。

4.2 不要有过度的“创作欲”

如果问设计师朋友，你希望自己设计的作品出现在超市货架还是《设计年鉴》上？许多设计师都会回答《设计年鉴》。因为进入《设计年鉴》，意味着得到行业承认，也就是得到竞争对手的承认。进入货架并能生存下来，是得到市场承认、顾客承认。

要明白的一点是，艺术往往是表达自己，而设计是为了影响甚至控制他人的行为。往往越是美盲，他越要跟你讨论美学。这种讽刺的情况，就如维特根斯坦所说：“我们从小受的教育，就是我们不该欣赏我们能理解的东西。”

脑白金畅销的本质是什么？它赢得的是消费者“购买它的商品”，不是“喜欢它的包装”，而人们往往会混淆这两个概念。原点错了，就满盘全错。如果我们如盲人摸象般去研究“消费者为什么会喜欢脑白金的包装”，得到的结论就全是错的，甚至错到要指责一个民族的品位、素质的地步。

脑白金的包装设计成功，不是成功在“难看”，而是成功在醒目。为什么要把它定义为难看，不定义为醒目呢？为什么要去嘲笑一个人的缺点，不去学习他的优点呢？这里也给我们一个经验：具象的形象比抽象的形象有更大的传播力和商业价值。而我们在实际工作中，往往不愿意用具象符号，一定要把它抽象化。为什么呢？因为创作者觉得，如果照着梅花画梅花，他就没有“创作”，只有把梅花改一改，抽象了，才完成了“创作”。

可是我们创作的目的是创造价值。我们用梅花就是为了得到梅花的价值，如果我们把它创作得看不出是梅花了，那我们为什么要创作呢？

4.3 不要研究消费者对广告的态度

尼尔森公司曾经发布研究——“精确跟踪消费者对广告的态度”。这用词就错了，永远不要研究消费者对广告的态度，要研究消费者对商品的态度。我们经常看见一些调研方案，给消费者展示一个包装设计，然后问：“请问您喜欢这个包装设计吗？”

这是颠倒了企业的责任和消费者的责任，这就是本质根源。

决策和创意的责任在企业，不在消费者。但很多对消费者的调研，都把调查消费者变成了问计于消费者。这种情况，在创意测试方面特别普遍和突出。

经常有人会说，我们的意见不重要，消费者的意见才重要，这创意好不好，要去问消费者。这是胡说八道。创意好不好，那是决策者的责任，如何能问消费者？

调研通常存在“角色代入”的问题，一个提问，就把消费者代入了一个角色。有些调研往往把消费者代入了决策者的角色，一个品牌形象设计出来了、一个包装设计出来了、一个广告创意出来了，他自己不确定，于是做消费者测试，请消费者来选、来投票。如果找消费者不方便，干脆马上找两百个基层员工，他们能代表消费者。

消费者做的很多购买决策都由潜意识做决定，意识只是用来在事后解释自己的购买行为。当你把他代入决策者的角色时，他就会用意识来判断自己的购买决策。能这样请消费者来做决策吗？当然不能，但很多人就这么干。

4.4 不要忽视清理设计垃圾

我们开发出一个产品，为它设计好包装，为它规划了超级符号，规划了购买理由、阅读顺序、阅读速度、证据的罗列，所有购买指令的下达也全部做完了，看到这个包装，我们会觉得它是完美的，完全实现了我们之前讲到的那些效果，放到货架上也很有优势。但往往因为我们的包装上面充满了设计的垃圾，从而干扰了沟通效率。而我们作为设计者，作为研发人员，会自动忽略那些垃圾。这样的事情少见吗？这样的事情太常见了，天天都在发生。

比如，我们两个月以前是那么想的，按照那个思路设计这个包装，设计这个产品，然后我们做了一套设计。过了一个月，我们觉得不对，于是我们就开始改，一旦开始改，就会有垃圾产生。因为你在这一稿里面，会自动把上一次留下来的那些元素、那些表达的方式忽略掉，它就这样留在那里了，于是我们的包装上就留下了一些莫名其妙的线条，留下了一些莫名其妙的颜色，留下了一些莫名其妙的字眼，我们这是在上一个垃圾场上建造新建筑。又过了一个月，我们觉得还不对，总觉得某个地方可以再改改，于是我们又在第二个垃圾场上做新的设计……到七稿之后，我们终于觉得把事情讲清楚了，终于把价值表达出来了。透过层层垃圾，我们自己或许能知道这是什么东西，但对消费者来说，他看到的只是一堆垃圾，因为他并不在我们的语境里面，并不知道我们要说什么。

这些垃圾包括什么呢？包括多余的符号、多余的字眼、多余的线条、多余的阴影、多余的颜色……只要有多余的，就会有干扰，就会扰乱阅读顺序，就会拖慢阅读速度。由于通过包装的沟通是在电光石火之间完成的，因此我们要保证沟通的效率。

包装上面任何一根线条、任何一个色块，都是必须存在的东西，任何一个不是必须存在的东西，都必须去除；任何导致歧义的字眼都必须纠正；任何导致阅读顺序混乱的排列都必须调整；任何阻碍阅读速度提升的文法都必须得到改正。

在做设计清理的时候，我们就是要拿着这个包装，一个字眼、一个色彩、一根线条、一个阴影地考问过去，大胆地把所有我们认为、我们确定是不必要的东西都去掉。如果这个元素，我们无法确定是不是必需的，怎么办？当我们产生这个疑问的时候，它就已经不是必需的了。并不存在无法确定是不是必需的东西，只要有可能是必需的，就肯定不是必需的。只有当我们确定它是必需的，那么它才是必须保留的。

当我们把所有设计垃圾全部清理掉的时候，我们做出来的就是一个非常高效的包装。

5.小结

华与华的包装设计案例覆盖多个领域，种类丰富，但不管是针对哪种类型的产品包装，其设计方法与设计原则都是基于超级符号原理的。所以，只有掌握好超级符号原理，从原理出发，透过包装表象看到包装的本质，才能充分发挥包装的最大优势，设计出能与消费者“沟通”的包装，能自己卖货的包装，能具备货架优势的包装。

华与华商学竭力打造的《华与华文库之包装设计的目的》，挑选了华与华最具代表性的 27 个包装设计案例，从设计原理到包装机关拆解，完整地展现出华与华的设计师如何将华与华方法运用在包装设计上，让包装设计成为企业重要的战略工具。

第二章

华与华包装设计10大技巧

1.包装当作广告位

产品即信息，包装即媒体。包装就是产品最大的自媒体，要充分利用包装的媒体功能，设计产品的购买理由、购买指南、购买指令。

示例：

湘村黑猪——放大购买理由

盼盼——包装黄金视觉区，留给最重要的品牌名、产品名和品牌角色

2.包装就是信息包

营销有两种价值观，一种是利用信息对称，另一种是利用信息不对称。华与华认为，要利用信息对称，让消费者在懂得一切真相的基础上做选择。而包装作为营销最重要的战略工具，它就是一个信息包，甚至是一个信息“炸药包”，让消费者看到想要的信息后快速做出购买决策。

示例：

爱的是酒——材料成本费上包装，佐证购买理由“爱的是酒，只掏酒钱”

潭酒——龙标帮助消费者读懂酱酒年份，突出“敢标真年份”的价值

3.关键信息放大术

针对不同的消费场景，放大包装上的信息元素，就是放大刺激信号。信号越强，消费者的反射行动越快。

示例：

爱好——放大产品型号

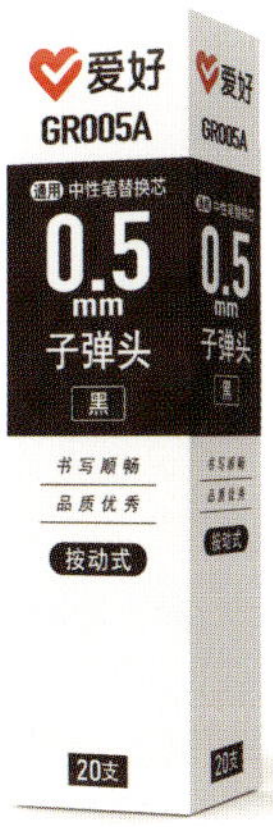

味多美——放大产品特征

4.放大品牌角色，积累品牌资产

将品牌角色放在包装最醒目的位置，让它成为包装的主角，并且在所有的广告形象中运用它，也就是将所有的资源都投入到品牌角色的打造和传播上，让每一分钱都投资、积累在它身上。

示例：

小葵花——小葵花形象既是包装的主角，也是电视广告的主角

吉士丁——奶酪王子形象是包装上醒目的主角

5.品牌纹样获得陈列优势

在包装上使用品牌纹样，可以使产品在货架上陈列时获得视觉阵列感，更容易在众多产品中吸引消费者眼球，让消费者注意到，从而促进购买的发生；同时也可以统一同品牌的不同产品，形成品牌资产。

示例：

幸运——菱形格品牌纹样，堆放获得视觉上的阵列感

立高——蓝白条纹统一品牌旗下所有产品

6.用色如用兵，用颜色建立货架优势

颜色是人眼识别信息的第一要素，华与华的包装设计讲究“用色如用兵”。创造性地运用色彩的优势来设计产品包装，不仅可以获得巨大的货架陈列优势，还能引导消费者的视觉动线，设计他们的阅读逻辑。

示例：

东鹏——用明暗度设计包装的信息层级

SKG——用代表舒适的颜色统一所有包装

7.货卖一张图，用图片刺激购买

照片具有客观性、真实性的特点，它对于消费者往往有着更强的说服力。货卖一张图，产品包装可以用实拍照片直接刺激消费者的味蕾，促发购买行动；也可以用照片作为证据链，放上包装来佐证产品价值。

示例：

海底捞——火锅料使用场景实拍图，刺激食欲

海欣——产品细节实拍图

8.固定版式积累品牌资产

同品牌的不同产品，规范包装固定版式，便于品牌统一不同系列的产品。用版式降低消费者的记忆成本，从而积累品牌资产。

示例：

轩妈——两个圆组合版式

海底捞——红黑分区版式

9.包装本身就是超级符号

包装是品牌最重要的元媒体。元媒体的设计与开发，是建立、继承、传播品牌资产的关键。通过创意、设计，开发放大商品本身的媒体功能，让包装本身成为一个超级符号。

示例：

文新——“信”字罐

广誉远龟龄集酒——“龟形”瓶

10.用包装创造体验价值

华与华方法将消费者分为四个角色，分别是“受众”“购买者”“使用者”“传播者”。做包装设计时带入对四个角色状态的理解，不仅可以从“受众”“购买者”的角色上思考如何让包装快速被发现、被拿起，还可以在“使用者”和“传播者”的角色上发力，提升消费者购买后的体验价值，乐于传播。

示例：

珍视明——视力表增加购买后的体验价值

吉士丁——“百科知识问答”上包装，让包装成为“亲子互动”的好道具

第三章

华与华包装设计实践示例

“盼盼烤薯片”包装创意详细拆解

01
包装的目的

华与华包装设计的目的：

自己把自己卖出去

设计包装，必须假设一分钱广告也没有，更没有导购员，把这个包装扔到渠道上，它自己就能把自己给卖出去。

华与华包装设计的四大原则：

1. 元媒体：商品即信息，包装即媒体，包装是品牌最大的媒体。
2. 产品开发：包装设计是产品再开发。
3. 货架思维：包装设计要获得陈列优势。
4. 购买理由：包装设计是购买理由设计。

每一个包装都成为一个产品宣传的信息炸弹，是销售的战略工具。

华与华包装设计的消费者四个角色：

1. 受众：放置时，易识别和记忆，发挥广告功效。
2. 购买者：在货架上时，即使没有导购员，也能自己把自己卖出去。
3. 使用者：在消费者使用时，能够提供值得谈论的体验。
4. 传播者：做能够说出去、能够推荐给别人的包装，发挥播传功效。

在消费者的四个角色中发出强大的信号能量，刺激消费者的行为反射。

02

设计目的

盼盼 IP：PP 熊

品牌角色“PP 熊”，实现三大目的：

陈列优势：建立烤薯片产品的货架陈列优势，让产品摆上货架就能被发现、被拿起、被购买。
刺激购买：通过设计消费者的阅读顺序，提高信息的传达效率，加速消费者的购买决策。
积累资产：打造不花钱的品牌代言人，实现品牌资产的高效积累。

超级包装“烤薯片”，实现三大目的：

提升销量：在市场原有基础上，通过包装刺激购买，增加销量。

建立品类价值：放大“烤”的价值，占领“烤”的壁垒，建立“烤薯片”新类别，建立“烤薯片”的产品标准和话语体系。

产品阵列：成为明星单品，并以此统一盼盼膨化系列产品，与拳头产品麦香鸡味块，一起打造为“盼盼非油炸双绝”，最终形成产品阵列。

03
设计起手式

设计背景的关键动作：

包装设计起手式 —— 终端“三现主义”

轻烤薯片，是 2019 年盼盼食品上市的一款非油炸、烘烤型薯片。其非油炸的健康属性、酥脆好吃的品质，赢得了好口碑，是一款深具市场潜力的产品。

我们希望通过重塑产品概念及包装，将其打造成盼盼膨化系列产品的明星单品，与拳头产品麦香鸡味块，一起打造为“盼盼非油炸双绝”。

我们放大了“烤”的价值，把这一价值直接用在命名里，重新定义产品为“烤薯片”，建立“烤薯片”这一新类别，占领“烤”的价值壁垒，并打造了“烤薯片”的产品标准和话语权 —— 不是油炸薯片，是烤出来的薯片。

“三现”即现场、现物、现实。一切答案都在现场。

当你走到现场，看到现物，看见发生的现实，创意就会向你走来。

状态描述		动　作
现场	鹰的眼睛，俯瞰全局	画地图，城市—街道—商圈—门店
现物	兔子的眼睛，观察细节	拉清单，点检摸排统计物料和产品
现实	树的眼睛，记录事实	时间轴，年 / 月 / 周 / 天里发生的具体事情

“三现主义”

走市场要用“三现主义”盘查产品的周围，把产品当成一个活生生的生命来看待。看产品的生活环境，找产品的辅助物料，找消费者购买产品的思维逻辑，看产品周围发生的具体事情，从市到县城，再到乡镇农村，发现问题。我们在走访市场时首先发现产品在货架上的三个问题。

1. 因为老包装是以小包装为主的，所以“藜麦轻烤薯片”产品名称在小小的包装上，显得价值不明显，凸显不了产品的核心卖点，让消费者在“藜麦”和“烤”中间做抉择和思考，在货架前就属于浪费时间。

2. 包装上的关键信息设计正好在包装的下半部分，产品名称很容易被货架前面的挡板遮挡，这一点在包装设计中是尤为致命的。

3. 包装色彩比较复杂。货架是需要人快速做选择的地方，是产品的战场。如果一款包装仅仅靠设计细节，无法让消费者快速辨别出关键信息，那就是不成功的。

打造产品的包装符号

产品购买理由包装可视化

建立盼盼品牌产品家族阵列感

实现品牌资产高效积累

04
创作过程

创作第一步搜尽奇峰打草稿:

如果这个创意不能给客户带来质的改变，那这个创意就是没有价值的

量己力—— 了解自己的产品，了解竞品，了解货架和陈列方式。

广撒网—— 找参考不是盲目找，找的过程是激发的过程。

烤薯片以下列 3 个方面为抓手。

首先是产品的戏剧性——波浪形。

其次是全新的品牌符号——PP 熊。

最后是名字中的戏剧性——烤薯片的“烤”。

1. 快速拼图，帮助决策

如何在短时间内把参考中的碎片化灵感快速可视化？快速拼图法！从灵感碎片中抓取最重要的元素进行拼接。在第一轮拼接中，设计师团队会集中在版式、符号、卖点等方向进行创意发散。

有更容易从货架跳脱出来的“斜杠版式”，有以产品戏剧性对“烤”字标，也有把烤箱搬到包装上的大创意……

考虑到市场包装趋向于简洁的风格，我们决定以“烤”作为创意进行深入。

2. 找对参考，一战而定

拼图过程并不顺利，“总是感觉少了点什么”，我们尝试通过加入不同的元素去完善，但结果依然在这个方向上拔不出来。这时，合伙人陈俊找来一张卡通参考 —— 一只披着披风、戴着眼罩的狗狗。这一参考提醒我们，还有一个关键性的方向没有尝试，那就是我们新创作的品牌资产 PP 熊。在之前的方案中，PP 熊只是作为一个小小的插画放在边边角角，的确不像是超级符号该有的待遇。品牌角色要生更要养，于是我们果断调整方向，以“PP 熊披着披风、端着薯片碗”作为第一轮的确定方向。

品牌资产积累：IP 不是图案插画，要设定 IP 和产品建立关系，披风 PP 熊对 IP 的活用，形成包装的记忆符号。

产品家族阵势：通过 PP 熊建立起货架优势，形成“万众瞩目”的品牌家族阵势。

消费播传设计：当推荐朋友购买时，可以准确地描述“产品包装是一个披着披风、长着 PP 眼睛的熊”。

05

包装设计

主要展示面——让产品自己会说话

包装设计没有正面背面，只有第一面、第二面……

包装是快消品最大的媒体，要为消费者提供最基本的信息服务，让产品自己会说话。因此包装设计根本不是一个单纯的平面设计工作，而是整个品牌营销的最高纲领。

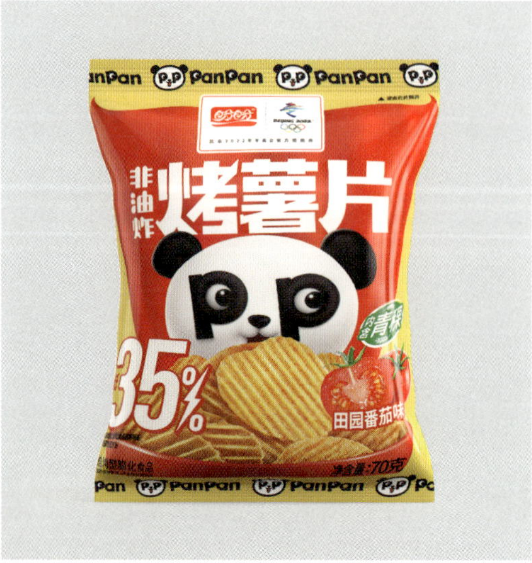

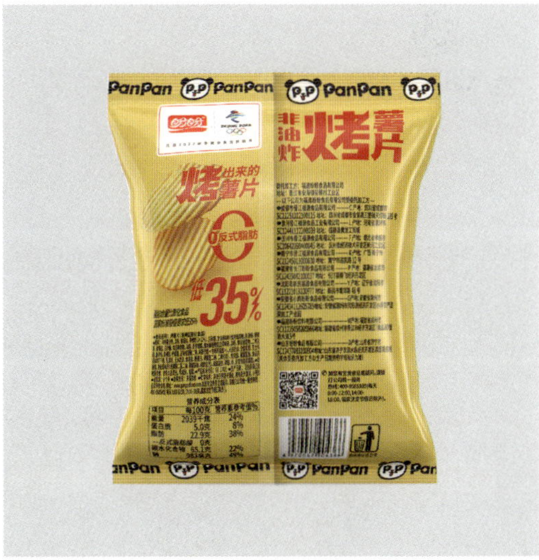

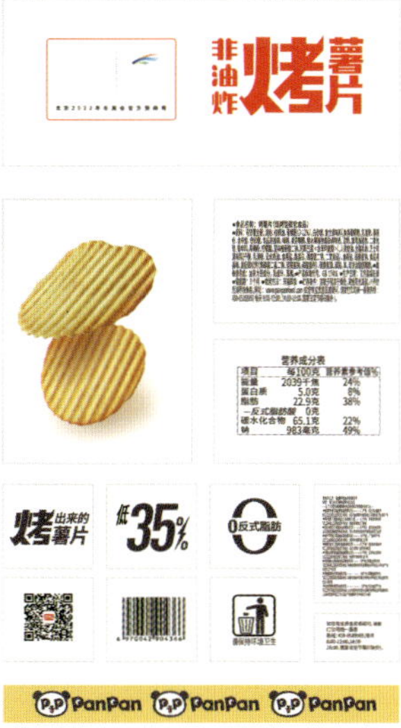

第一面：品牌名称、产品名称、产品照片、PP 熊、卖点 icon（图标）、克重规格、花边

第二面：品牌名称、产品名称、产品照片、卖点 icon、配料信息、营养成分表、生产信息、花边、二维码、条形码、热线电话

06

字体设计

字体设计及排版——货架思维、信息层级

区分我是谁？为什么买？

膨化产品，无论是国产品牌，还是国外品牌，都以油炸膨化为主。膨化产品货架的字体设计的基本原理是以大量的扭曲和效果叠加而成。这种复杂而丰富的效果虽然有强烈的视觉冲击力，但是被消费者长时间接触记忆，形成“不健康”的潜意识。

所以产品名称的字体设计，我们首先要达到的目的是与其他产品区别开。

不是加大修饰力度，而是减少多余装饰，建立简洁的设计风格。

放大“烤”的健康价值，让消费者看到产品名称，产生尝试欲望。

1. 简洁独特的字体改造

直接在黑体的笔形结构基础上改造，整体保留黑体原本的韵味，为增加独特性，以装饰来修饰字体的丰富程度，形成不同于黑体的识别度。

更改横竖笔画的粗细和比例。

在笔画起收处增加装饰，让笔形增加独特性。

在结构上，扩大中宫，让字体效果更加饱满和可爱。

最后的呈现效果非常简洁，在货架上的呈现效果也尤为醒目。

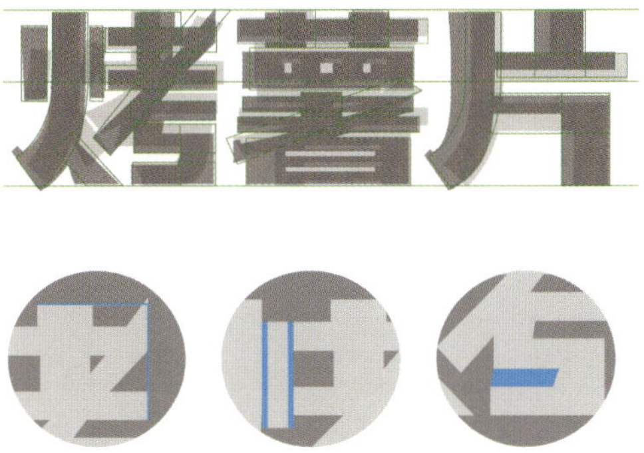

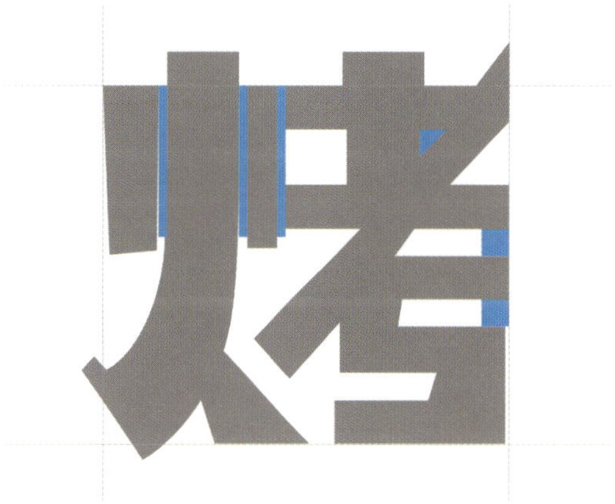

2. 疏密有致的字体排版

压缩包装配料表等说明性文字的版面，让出空间给产品卖点和品牌信息。

将字体竖向压扁，缩小字体的空间，这样就有更多的空间展示商品核心信息的视觉元素，也让整个包装的背面更加疏密有致。

营养成分表

项目	每100克	营养素参考值%
能量	2039千焦	24%
蛋白质	5.0克	8%
脂肪	22.9克	38%
—反式脂肪酸	0克	
碳水化合物	65.1克	22%
钠	983毫克	49%

●食品名称：烤薯片（焙烤型膨化食品）
●配料：马铃薯全粉、淀粉、棕榈油、青稞粉（≥12%）、白砂糖、复合调味料（食用葡萄糖、乳清粉、藜麦粉、食用盐、白砂糖、食品用香精、味精、麦芽糊精、酸水解植物蛋白调味液、淀粉、酵母抽提物、二氧化硅、香辛料、青稞粉、柠檬酸、呈味核苷酸二钠、阿斯巴甜<含苯丙氨酸>）、人造奶油、全脂乳粉、芝士味调味料（干酪、乳清粉、无水奶油、食用盐、酪蛋白、磷酸氢二钠、二氧化硅）、食用盐、碳酸氢钠、食品用香精、复配膨松剂（焦磷酸二氢二钠、碳酸氢钠、磷酸氢钙）、碳酸氢铵、磷脂、单，双甘油脂肪酸酯。●致敏原信息：含有大豆成分，乳成分，青稞。●产品标准代号：GB 17401 ●生产日期：见包装袋正面 ●保质期：9个月 ●食用方法：开袋即食 ●贮存条件：存放于阴凉干燥处，避免阳光直射。※开封后请尽快食用。网址：www.panpanfood.com 如您有宝贵意见或疑问，请拨打公司统一服务热线：400-0585985（每天8:00-12:00，14:00-18:00，国家法定节假日除外）。

配料信息：思源黑体 medium 8.3 pt，

行间距：9.5 pt，字体高度 2 mm，字体宽度 47%

营养表：思源黑体 medium12 pt，

行间距：14 pt，字体高度 3 mm，字体宽度 100%

加工信息：思源黑体 medium 12 pt，

行间距：12 pt，字体高度 3.5 mm，字体宽度 60%

07

话语体系

话语体系原则:

围绕产品的购买理由跳舞

作为产品最大的媒体，包装是产品和消费者发生沟通的重要方式。

在设计包装时，始终坚持“购买理由”思维，站在消费者的立场上，设计消费者的阅读逻辑，推他一把，使他快速选择、快速决策、快速购买。

包装设计的信息看板可视化管理，要牢记以下三大设计原则。

1. 放大术，提高信息传递效率

为获得货架陈列优势，放大了品牌角色——PP 熊。

放大产品名称，一眼就知道是什么产品。

核心卖点 icon 化，打动消费者去尝试。

2. 层级化，设计阅读逻辑

对包装信息的阅读顺序进行优先级排序，产品名称、购买理由、证据链，决定消费者最先看到的是什么，方便信息检索寻找。

3. 证据链，快速罗列购买理由的证据

（1）品牌或名称设计

盼盼非油炸烤薯片

（2）话语＋证据链

非油炸烤薯片

不是油炸薯片，是烤出来的薯片

0 反式脂肪

脂肪含量比膨化食品国家标准限值要求低 35%

内含藜麦（或青稞）

08

包装色彩

包装色彩设计原则：

用色如用兵，看到颜色就能想到味道

日本设计师松永真认为，设计是包括色彩、构思、造型等各个局部的集合体。如果要讨论色彩这一重要的局部，那么首先必须谈谈它在整体中的位置。

在货架面前，一个包装的颜色决定包装在这个货架的可见度、显眼程度和被注意速度。观察零食类包装（特别是膨化产品）的色彩逻辑，不难发现这类产品的色彩首先都是大胆、明艳浓郁，口味指向性强。不同的颜色搭配会让人们产生不同的心理反应，所以色彩带给消费者的联想就不同。

▲ 膨化产品货架色彩

▲ 以色彩区分的速食产品货架

确定包装的核心视觉为“披着披风的 PP 熊双手抱着烤薯片的碗”。利用这一个戏剧性画面，我们就直接把 PP 熊的披风作为一个区分色彩的关键，只要披风颜色不一样，口味就会不一样。这个逻辑有点像绿灯侠和超人，披着不同颜色的披风，他们的超能力肯定是不一样的。有了这样的逻辑后，不管未来烤薯片延展出多少口味，其区分都是明确的。首先很自然地把红黄颜色给了番茄味，结果整个色彩层次非常亮眼，我们就决定在这样的逻辑下延展出黄瓜、原味、烧烤等口味。

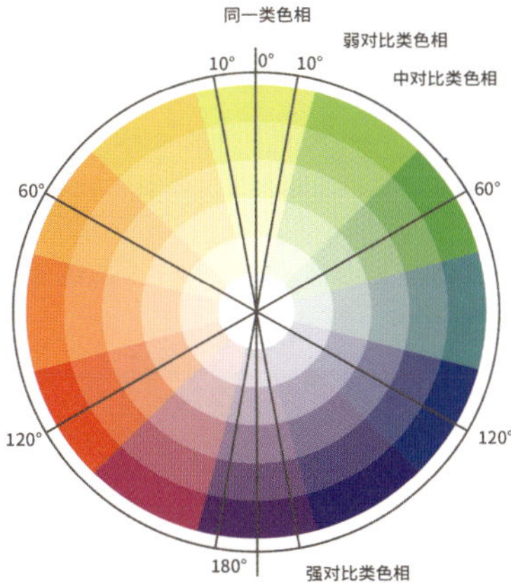

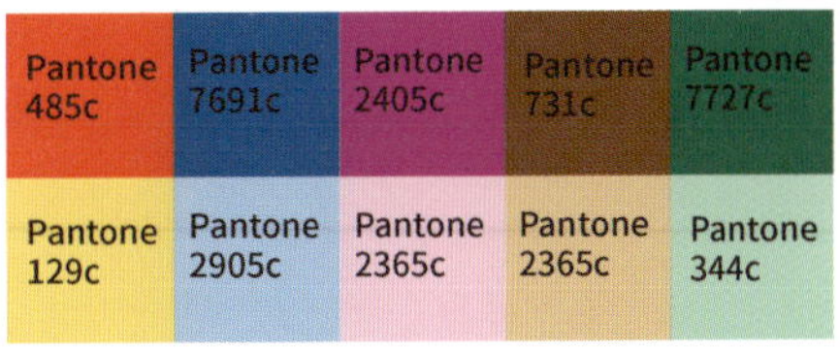

再远也能看得见，用弱对比色和强对比色扩大色域面积、提高醒目程度，可以参考色环示意，10°以内为同类色相，大于 10°小于 60°为弱对比类色相，大于 60°小于 120°为中对比类色相，大于 120°小于 180°为强对比色相。目前使用的色相主要为弱对比和强对比类色相，这样能够避免色彩上的单调，突出主体构成，同时也在货架上突出了明暗优势。

考虑到身障人士的视觉情况，在灰度模式下检验包装的色彩，视觉的优势性依然明显。

09

产品拍摄

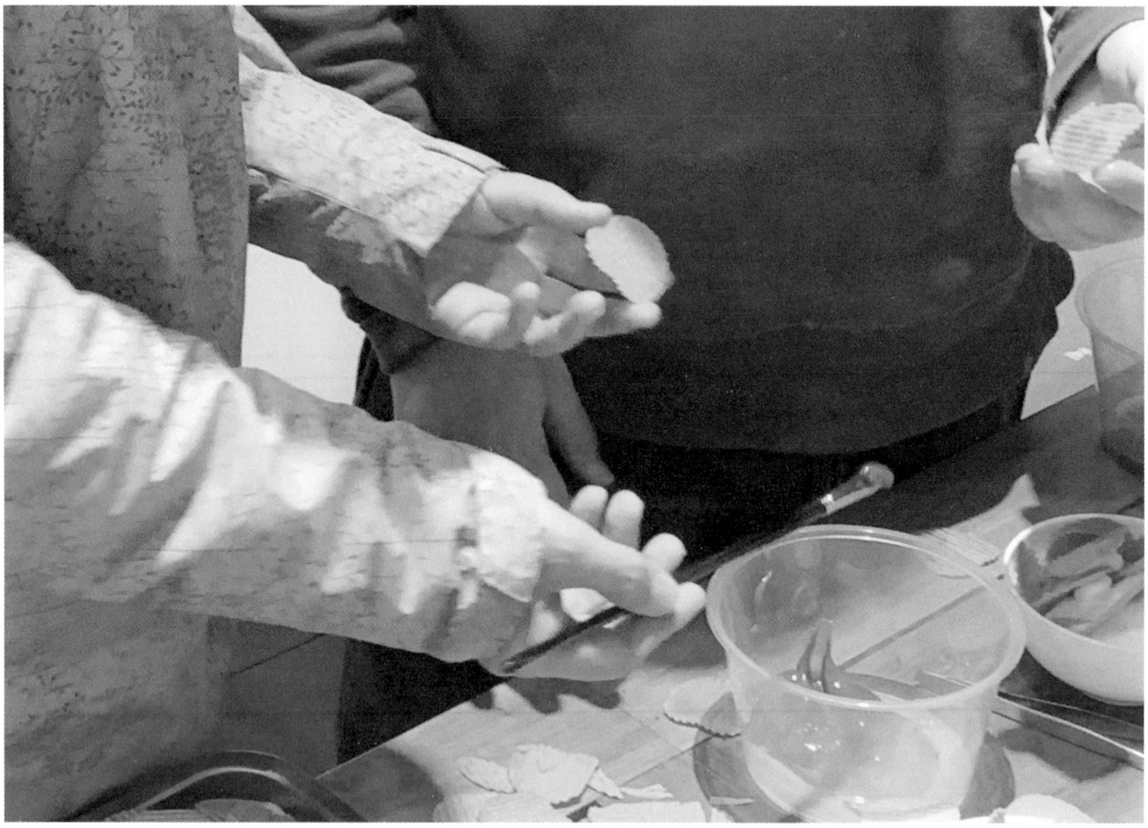

产品拍摄的原则：

拍摄不是要把握镜头之内，而是要把握镜头之外

在拍摄之前，我们先要清晰地认识产品 —— 烤薯片。大家比较熟悉的薯片大部分都是由马铃薯切片而成，近几年也有国外流行的波浪形薯片，而烤薯片跟普通薯片的最大区别就是其为焙烤出来，色泽和造型与普通的波浪形薯片不一样之处是：造型上烤薯片比较平直，没有油炸形成的弯曲感；颜色上烤薯片微微带有焙烤的焦黄色，而不是油炸的明黄色。

拍摄不是让我去把握拍摄的那个镜头，因为那是专业摄影师的事情，拍摄更重要的是要把握镜头之外的事情。一切服务于最终目的，在产品拍摄上，产品符号就是购买指令，呈现方式就是购买理由。所以除了要制定常规拍摄的光影、造型、道具参考外，最重要的是给摄影师明确产品的特征以及展示特征的关键镜头。关键镜头就是要包含产品核心卖点信息的照片。拿到这张照片，拍摄才算是完成。

由于“PP 熊抱着的碗装烤薯片”的画面在包装版面的中下方，导致接近一半的包装信息会被货架上的挡板遮挡，故我们的视觉重心就基本锁定在了这碗薯片的中上部分。

开始拍摄试镜的时候，怎么让这碗薯片变得让人有食欲，就是找到了一个关键点，这个关键点就是每碗薯片都有一片是“关键薯片”，其他的所有薯片都是围绕和衬托这片薯片的。那么这片薯片是谁？

看包装上的布局，左边有一个大大的 icon，只有中间靠右的地方有一个视觉区域，而这个视觉区域正好跟 PP 熊向右看的眼光形成一条视觉线，那我们就在碗装薯片的最上方靠右的位置放置这片“关键薯片”。有了这么一个抓手，拍摄的造型、灯光都围绕这片“关键薯片”展开。

现场检验，带入包装。当在拍摄现场的时候，我们能做什么？Real-it-test your assumptions，就是把假设放到现实中检验。

在包装设计之初，常常使用素材照片进行快速拼图。拍摄的时候怎么才能判断当下的拍摄素材是否及格，就是把素材在现场及时放在包装上去检验，摄影师每拍一个“完美照片”，就把扣底图片放在包装上看表现、看比例、看光影、看空间位置，当各种细节都符合标准的时候，那这张图片才可以进入细化阶段。

10 图像处理

包装名称所遵循的设计原则:

图像处理就是还原产品本身的符号性

货卖一张图，用一张照片精确地传达产品印象。一张照片就能表现出产品的颜色、大小、色彩鲜艳程度等，这种直观感受能让消费者脑中浮现明确的“产品模样”，并产生情感联想，而文字却不能，这就是图像优先原则。人对越具体形象的东西越能放心地做出判断，在宣传上，文字再多也不如一张照片来得有力。

在图形处理上，通过产品角度、明暗变化、材质质感等每一个细节，提升消费转化率。

主要围绕两个目的。

一是强化产品的结构。

首先是加强光影和品质感，让瓦楞结构和口味特征更明显，让薯片薄脆的口感激发消费者的购买欲。

二是凸显产品的食欲。

食品包装最重要的是凸显产品的“垂涎欲滴”（sizzle）。sizzle 原是表音词，表示烤肉时发出的嗞嗞声，现在演变成了“令人垂涎欲滴”之意。

❶ 明确图像处理的目的和用途

❷ 找到重点处理区域——关键薯片

❸ 对图片重新进行立体化处理

❹ 增强焦黄的光泽感

❺ 明确每片薯片之间的关系

❻ 调整整体的结构

❼ 概括碗的结构，增强质感

❽ 放大口味特征，增强食欲感

因此，设计出的作品必须令第三者觉得“看起来好好吃”。这种感觉是从何而来的呢？其实就是来自品尝美味食物的经验。品尝美味食物时的状况会存储在记忆中，而且不仅是味道，当时的周围环境也会成为“美味信息”，刻画在记忆里。

11
标签设计

标签设计：

加快消费者的购买决策

产品提供的信息服务，有品牌名、产品名、购买理由、购买理由的证据等。如何加快消费者在货架前的购买决策？

标签设计！就是为了增加产品差异性，加快消费者做出购买决策，实现打动购买、快速购买。

策略师提炼出完成的产品话语，按重要性排序后，设计师的工作，就是将这些信息提炼设计成 icon，以有序的视觉逻辑呈现在包装上。

与同类产品相比较是消费者经常做的关键行为。同样是烤薯片，一种产品的脂肪含量要低 35%，而其他产品却没有，这种差异在对比中就明显了，相应地也能加速消费者做出购买选择。

所以，35% 是最为重要的信息，在包装正面的比重中已经放到最大，在货架陈列时也考虑到货架栏遮挡问题，既不易遮挡，又方便识别。且从标签的大小、颜色、效果、后期的材质工艺处理，甚至设计牺牲了一些包装本身的美感，把 35% 放大到让消费者不可能自动忽视的程度，就是要把这个重要信息告诉消费者。

1. 设计视线穿插点

“非油炸”“低 35% 的脂肪含量”“内含青稞”“0 反式脂肪”“是烤出来的薯片”，这些信息都围绕产品的健康性展开，icon 设计风格从简。

将信息按重要程度排列在包装的视线上，让消费者在看到包装的时候，能够“顺便”把这些卖点都一一摄取。

这要关注到包装设计的点线面结构，一般标签设计都是按照包装中“点”来设计呈现，结合相比更为重要的“面”和“线”，以达到包装视觉设计的和谐，同时保持视线的简单和阅读的流畅。

所以在形状上大量地使用圆形，圆圈在包装上更容易呈现“点”的效果，有“导航”的作用；且在色彩上使用鲜艳的绿色、蓝色和红色，排版时采用字号大一些的文字。

2. 设计易识别记忆

· 在手法、色彩、大小上，要区别于包装的品牌标志、产品名。

· 产品的特征性，设计上必须容易辨识和记忆。

· 考虑到各年龄层级，文字的大小一定要清楚，颜色要简单大方。

· 考虑到部分人士的视力不好，不使用辨识度低的暗淡的颜色。

12 版式设计

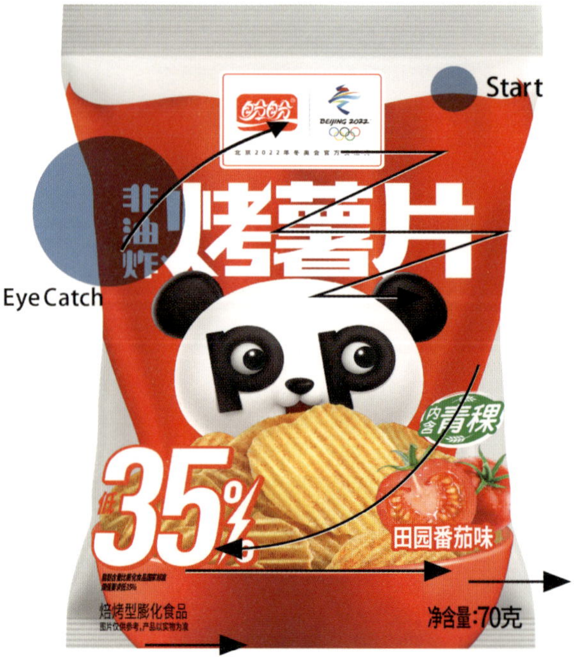

消费者怎么看包装，看哪里？

排版设计引导消费者阅读视线

消费者在看包装时，视觉会有一定的动线。因此，设计要考虑如何利用排版来引导消费者的视线，让它能像设计师事先预设的，按照一定的逻辑，传达出信息。

1. 视觉强制性抓眼球

“如何让包装 3 秒钟抓人眼球？”因为消费者在货架前停留的时间是很短暂的，能否一眼打动消费者是包装设计的“生死点”。如何让包装版式能“一眼就打动消费者”，解决办法是设置“关键视觉”，具有强制性、绝对性、唯一性。

盼盼烤薯片的关键视觉就是“披着红色披风的 PP 熊”。

· 强制性：PP 熊眼睛的沟通力，大面积红色披风的醒目度。

· 绝对性：当人站在货架前，可爱的品牌角色是绝对有吸引力的。

· 唯一性：在包装上没有第二个元素跟它去抢视觉强制性。

2. 排版构图引导动线

当设置排版时，要考虑视线在移动过程中有没有指引性，建立指引性的方法有：

· 利用熊猫的眼光。

· 利用点线面的关系。

· 利用 icon 设置视觉锚点。

· 利用色彩等。

不仅要吸引消费者的眼光，还要引导消费者的眼光。知道消费者要看什么，也知道消费者在找什么，而包装的排版就是要告诉消费者看这里。

烤薯片使用的版式为“Z”字形排版。当视线落在包装上，首先会很自然地放在披风色彩区域上的元素内容，排除底图元素，然后看产品名称，很自然地从左上（“非油炸”三个字）—右上（“烤薯片”），滑过我们的强制视觉 PP 熊，再从左下（“低 35%”）—右下（“田园番茄味”）的“Z”字形移动，就是将“品牌—产品特征—产品名称—品牌资产—产品卖点—产品口味”这样一个完整的购买流程建立在包装上。

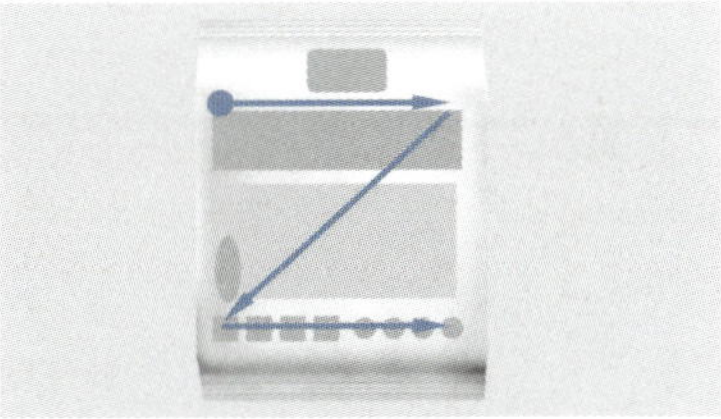

“Z”字形构图

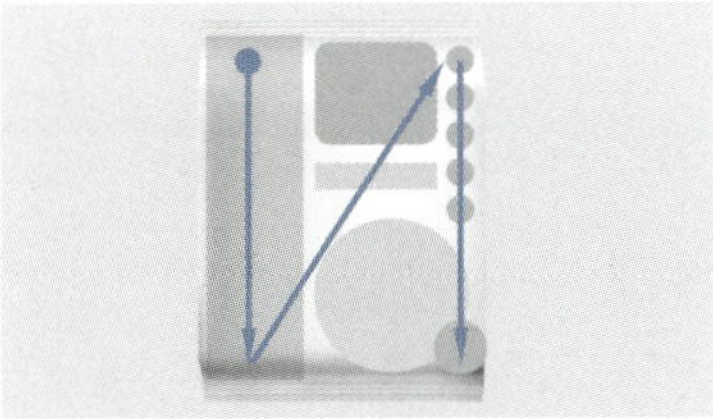

“N”字形构图

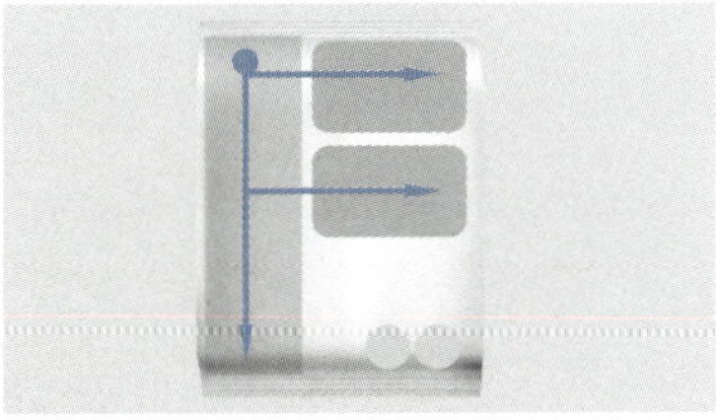

“F”字形构图

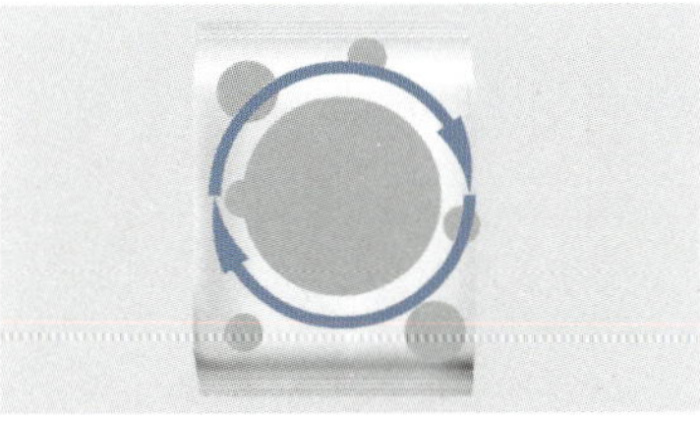

“O”字形构图

13

包装材料

包装设计的面：

包装材料

烤薯片的包装材料是复合材料。在印刷厂时是以 BOPP 为主；当印刷结束进入灌装环节时，则在灌装产品时进行铝膜复合 ——BOPP + PET + VM。

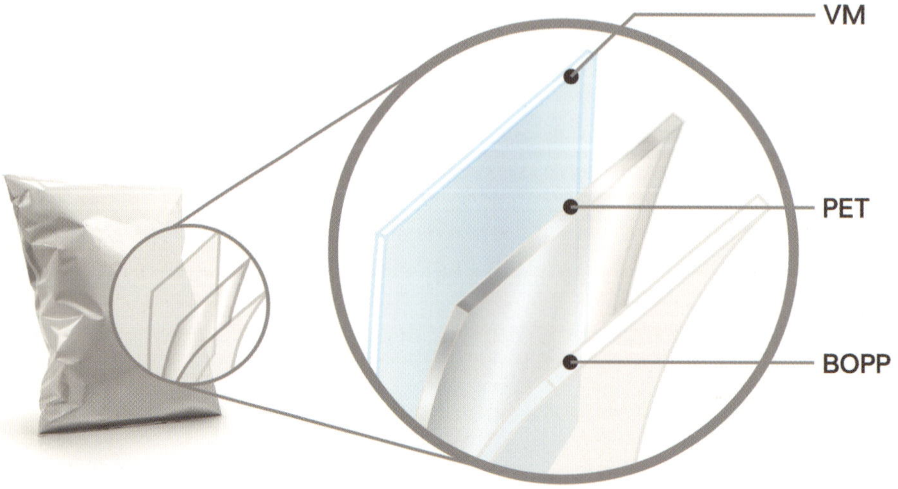

BOPP 全称为“双向拉伸聚丙烯薄膜”，这种薄膜是由聚丙烯颗粒经共挤形成片材之后，再经纵横两个方向的拉伸而制成。由于拉伸分子定向，所以这种薄膜的物理稳定性、机械强度、气密性较好，透光度和光泽度较高，坚韧耐磨，它也是目前膨化产品的主要印刷薄膜。一般使用厚度为 20～40 μm，常规使用的厚度为 20 μm。

因为有自身材料的缺点，例如热封性、防潮性，所以作为复合材料与其他材料复合之后，其性能就能得到较为理想的提升。为了使 BOPP 的印刷效果达到理想状态，我们会对材料进行电晕处理。

PET 薄膜是一种性能比较全面的包装薄膜。其透明性好，有光泽；具有良好的气密性和保香性；防潮性中等，在低温下透湿率下降。将 PET 薄膜置于真空镀铝机镀铝后，涂胶与纸复合，然后将 PET 薄膜剥离，铝分子层通过胶粘作用便转移到纸板表面，形成镀铝卡纸。由于采用真空镀铝的方法，在卡纸表面仅覆盖一层 0.2～0.3 μm 的、薄薄的、紧密光亮的铝层，所以这种铝层的厚度仅是裱铝卡纸铝箔层的 1/500。

聚丙烯与其他包装材料性能比较

性能		材料			
		CPP	BOPP	LDPE	PT
厚度 /μm		20～100	10～80	80～100	—
密度 /(g/ cm^3)		0.89	0.90	0.92	—
闪烁光透过度 /%		< 90	< 90	< 85	< 90
光泽度		< 65	< 70	< 60	< 70
抗张强度 / MPa	纵向	20.0～50.0	100.0～250.0	10.0～16.0	30.0～80.0
	横向	20.0～50.0	100.0～250.0	10.0～26.0	20.0～60.0
延伸率 /%	纵向	200～600	50～150	150～650	10～40
	横向	200～600	50～150	150～650	30～90
透湿率（40 ℃）/g·(m^2·d) $^{-1}$		8～11	3～4	16～22	16～35
氧气透过度（0.1 MPa）/mL·(m^2·d) $^{-1}$		5～8	1～3	13～16	0.1
耐油度 / h		< 50	< 50	< 50	—
紫外线透过率 /%		< 80	< 80	< 80	< 80

14

包装规格

其他规格设计

在上市前，烤薯片的规格规划以散装和 40g 托盒装为主，后来又相继推出了 70g 和 95g 盒装两个产品，家族产品不断丰富起来。

15

设计机关

包装设计方法：

机关算尽，寸土寸金

华与华方法说包装是最大的媒体，包装是品牌最重要的战略工具，那包装的改变价值有多大呢？

第一，极大地提高了产品的能见度。

高饱和度的色彩，搭配 PP 熊，形成强烈的视觉效果，建立起陈列优势。

颜色鲜艳，在货架上无论从什么角度都能清晰地看到。

PP 熊，从货架的正面以及 45°视角看，都形成整齐划一的阵列。

第二，建立品牌偏好。

超级符号能让一个品牌即刻变成消费者的老朋友。亲切熟悉的 PP 熊，能让消费者即刻觉得这是一个熟悉的、亲切的品牌。

第三，唤起消费者的食欲（购买欲）。

食品包装，做让人有食欲的设计是最重要的。怎样才能激起消费者的食欲、刺激消费者的味蕾呢？一碗又一碗的符号明显的烤薯片就有这样的神奇功能。

第四，积累品牌资产。

规划产品的口味越来越多，PP 熊披风的颜色就会越来越多，PP 熊在货架上形成的陈列感就越强，积累的 PP 熊品牌资产就越多。

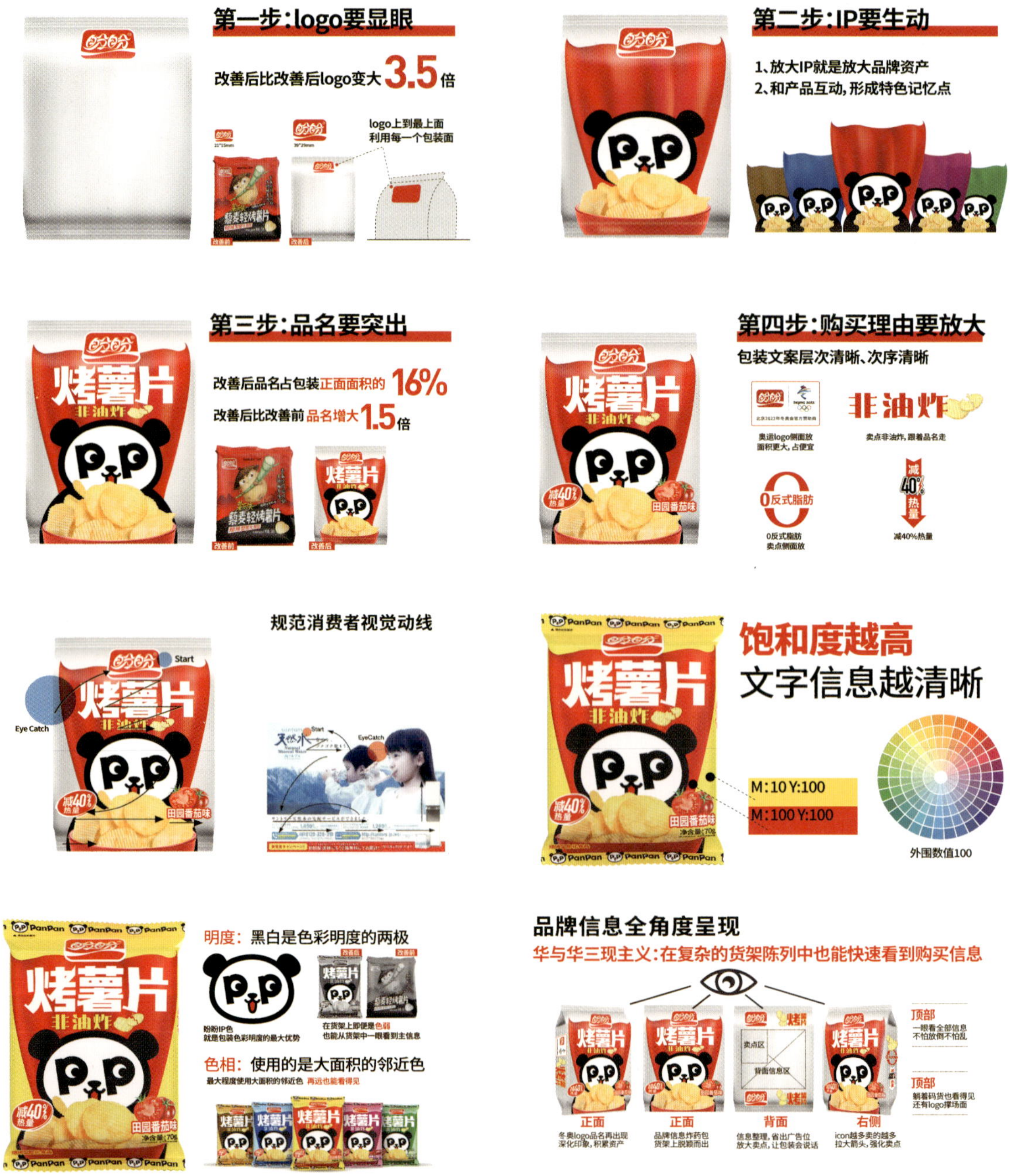

16

印前检查

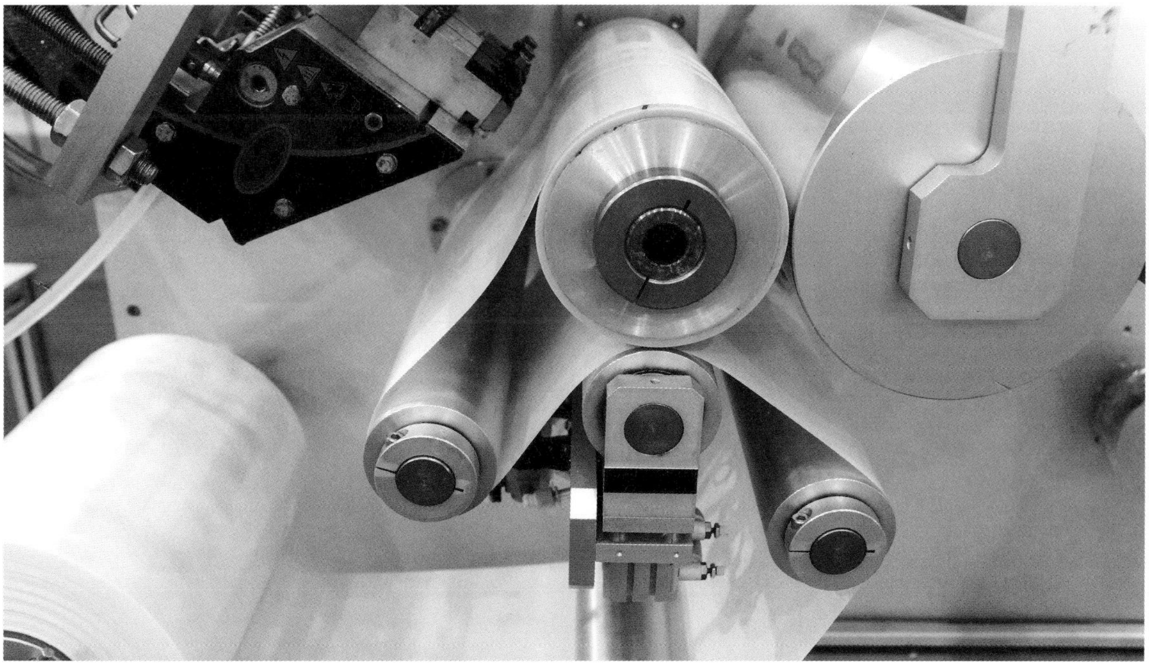

包装印刷的流程：

印刷前的检查

交付文件

输出文件是确保该文件已经为印刷做好了全面准备。包括：

1. 正确的文件名称以及扩展名。

2. 多个图层的包装设计完稿。

3. 清晰的剪切标记和印刷边缘的出血标注。

4. 与印刷要求相匹配的设计文件格式。

5. 从文件中删除多余的元素、字体、颜色。

6. 完整的字体文件（包括该家族字体中自带标准格式，如粗体、斜体和常规格式，不包含通过软件定制的创新字体格式）。

7. 链接文件存放在正确的文件中。

8. 根据画面布局，缩放、剪切图片到适当的大小。

9. 印刷规格，包括实际生产的指示信息，如颜色规格、特殊的工艺等。

▲ 制作文件尺寸标注

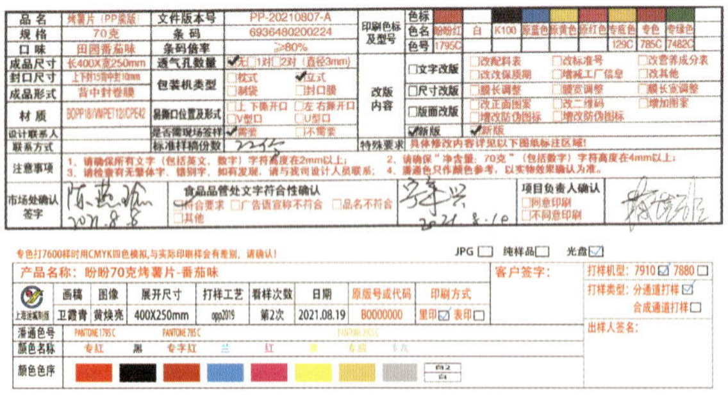

▲ 打印制作信息

▲ 透铝工艺涂层

17

色彩和油墨

包装印刷的关键：

色彩和油墨

包装设计一般采用的是多色印刷，例如烤薯片这种膜类膨化零食，色彩基本都是常规的四种以上。常规的四色包括 CMYK，即青色（cyan）、品红（magenta）、黄色（yellow）和黑色（black）。除了这四种常规颜色，还有必要的常规颜色：白色。在包装印刷的时候，白色也是作为一个印刷颜色使用。与我们接触的白色纸张不一样，聚丙烯薄膜本身的颜色是透明的，在印上单纯的 CMYK 颜色后依然是“透”的，所以白色在此类印刷的时候类似于画布中底的作用，只有在白色上才能印刷出正常的 CMYK 颜色。

如果什么颜色都不印刷的时候，包装所呈现出的原本聚丙烯薄膜的颜色，例如烤薯片包装，在不印刷的时候会呈现出其底层 PET 的颜色，也就是透铝的颜色。设计师经常运用这个常识制作出透铝的闪光效果，如烤薯片包装的“低 35%”的 icon，就做了透铝的效果。

同样，我们也可以在包装中做其他潘通（PANTONE）色处理，例如烤薯片的版面有三个专色，以番茄味为例，就有 PANTONE 129C、PANTONE 485C、PANTONE 348C 三个专色。

18

设计师校色

把好设计的最后一关：

工厂校色

常见的印刷工艺有胶版印刷、柔性版印刷、凸版印刷、凹版印刷、丝网印刷和数码印刷。

烤薯片的包装印刷为凹版印刷。在凹版印刷中，印刷滚筒经腐蚀处理形成凹陷区域以承载印刷油墨，这个储墨凹坑将图像转印到薄膜表面，当薄膜在印刷滚筒和压印滚筒之间穿过时，数千个不同尺寸的凹版和深度的微小凹坑决定了印墨转移到薄膜的用量。不同的滚筒带着不同深度、大小、密度的油墨组成最终的效果。这种印刷方式非常快速，但缺点就是因为需要快速将几个颜色逐一对准，所以在开机后要“跑”一定的量，印刷才能稳定下来。

另外就是每个印刷机都相互独立，每台负责一个颜色，台与台之间的组距长，干墨快。

无论用什么显示器展示颜色，都会跟实际印刷有出入，再加上受限于印刷技术和材质，呈现出来的状态也不一样。常见的印刷问题有颜色不正、偏色，现场可以借助仪器设备查看印刷网点的大小和色彩，然后通过调整 CMYK 其中的一种或几种颜色达到颜色转变，就类似于 Photoshop（图像处理软件）中四色调色一样，这个过程往往会考验到设计师的色彩经验。例如薯片的暗部变红发黑，那便要减红减黑，但是减红之后影响到薯片的其他区域，这就要反复调整直到达到最好状态为止。所以在试印阶段，设计师都会去工厂盯样，一是去检验颜色是否正确，二是在现场把图像调整到最佳状态。

❶ 确认完稿文件之后，打样数码稿确认基本信息、位置；检查正面信息的完整性

❷ 与客户和工厂确认工艺和色彩问题；如果有工艺，最好有样品进行沟通

❸ 数码样校色完毕（确认四色、图像显色正确），打印后给工厂寄样，辅助工厂制版

❹ 如预判会有印刷难题时，可用数码稿跟工厂进行及时沟通，或要求工厂制版稿寄回复查后再制版

❺ 进厂看样时，要带好包装的电子版本以及数码稿，工厂会有制版稿，多稿同步检查

❻ 看色重点在图像的色彩调整，引发的其他图像变动、工艺效果、色彩和材质呈现

❼ 遇到比较严重的印刷问题，应该及时与客户商议对策，重新制定印刷方案

❽ 印刷结束后，进行印刷改善，把过程中遇到的问题进行汇总，在下次印刷时进行改正

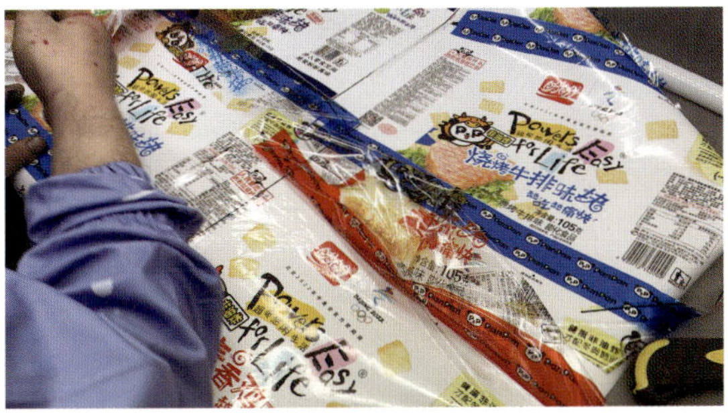

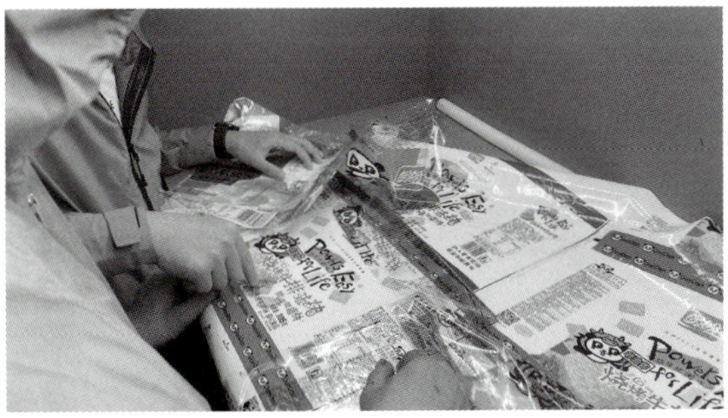

19

包装演示

PanPan PanPan PanPan PanPan
非油炸
烤薯片
青稞
田园番茄味
非油炸
烤薯片
35%

PanPan PanPan PanPan
非油炸
烤薯片
非油炸
烤薯

非油炸
烤薯片

非油炸
烤薯片

非油炸
烤薯片

非油炸
烤薯片

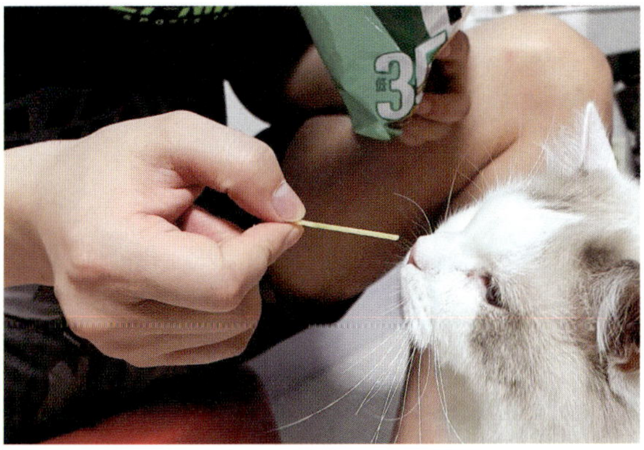

20
货架

包装的终端呈现:

货架

普通意义上的货架，大家每天都能看到。超市里，小卖部里，都能看到货架。货架就是产品陈列的地方，是购买发生的现场。

包装设计，是为了在货架上获得陈列优势，让产品自己会说话。产品放上货架就开卖，不用导购员，甚至也不用投放广告，就靠一个包装，自己把自己卖出去。

21

流程

总结

项目经验流程化：

包装设计流程

“不闻不若闻之，闻之不若见之，见之不若知之，知之不若行之。”

设计不仅要把握当下的工作过程与成果，也要回顾预期和目标，因为在设计过程中无论是有意或者无意做出的决定，都会对最终的设计成品有极大的影响。所以在设计过程中，要严格记录此次设计的全部流程，为以后的设计生产做好足够的反思准备工作。

基于盼盼设计过程，总结包装设计的基准流程如下：

设计前

市场走访，经销商采访，了解产品环境

▼

竞品产品消费者试吃，进行产品方向预判

▼

确定产品规划方向，设计师开始设计

▼

多个方向进行开会讨论，优化后准备上周一例会

▼

设计中

华板：“烤”字标意义不大，且阅读顺序不好

▼

尝试 PP 熊的动作、元素、版式、字体等多个设计方向调整，华板点评：依然不够打动人

▼

在原有的设计基础上做优化，同时寻找到新的创意方向 —— 用 PP 熊的披风打造产品名称空间

▼

华板通过后，优化 PP 熊卡通造型、披风造型以及整体的设计

▼

调整颜色、icon 文字信息，icon 设计，字体修整，大批打印校正颜色，联系薄膜供应商打样品

▼

设计后

提案成功后与客户确定大货时间，开始完稿设计

▼

制订拍摄计划→产品拍摄→修图→替换到包装上，完稿→制版→确认→到印刷厂校色→确认结案

客户：盼盼食品　**执行**：华与华

项目总监：于戈　**项目经理**：房文雪　**设计总监**：程林越　**美术指导**：张卓毅　**插画**：唐进红

第四章

华与华包装设计实操案例

用色彩
设计阅读动线

项目名
东鹏加気饮料

设计师
王国任

策略师
宋雅辉　周庆一　王莹　王慧敏

系列产品包装对比

东鹏特饮

发现问题

东鹏开发出一款加气的功能饮料。如何在保留原有包装资产的基础上，又体现出“加气”功能饮料的特点，是这款包装面临的最大挑战。

东鹏加気

解决问题

消费者对于快消品的选择往往就在于当下看到它的那一瞬间，所以如何能在一瞬间，让消费者看到最关键的信息？回归“三现主义”，在终端货架上，消费者第一眼看到的是包装的颜色，第二是包装的版式，所以该包装充分利用色彩的明暗对比来设计消费者的阅读动线，打破了依靠版式设计阅读逻辑的传统方式。

拆解新包装的关键机关

机关 1 利用颜色的明暗度，叠加出视觉上的前后次序感

机关 2 增加两个正面，获得绝对陈列优势

机关 3 以黑色突出产品时尚、年轻的属性

机关 4 继承超级符号，持续积累品牌资产

机关 5 品牌名放大，加速识别

机关 6 品牌谚语上包装，把包装当作广告位

机关 6
机关 2
机关 3
机关 1
机关 4
机关 5
东鹏加気 加油打気!
东鹏加気 加油打気!
东鹏加気 加油打気!
东鹏
加気
东鹏
加気
东鹏
加気
能量型营养素饮料
能量型营养素饮料
营养成分表
净含量:355ml
扫码赢半价

机关 1 利用颜色的明暗度，叠加出视觉上的前后次序感

利用色彩的明暗，体现视觉差异性。不同层级的色彩叠加使用，展现出信息的层级感。将想让消费者最先看到的“鹏”的符号，和“东鹏加気”的产品名设计为亮色，使其在包装上更突出，其他层级的信息置于暗色，为消费者呈现视觉上的阅读动线。

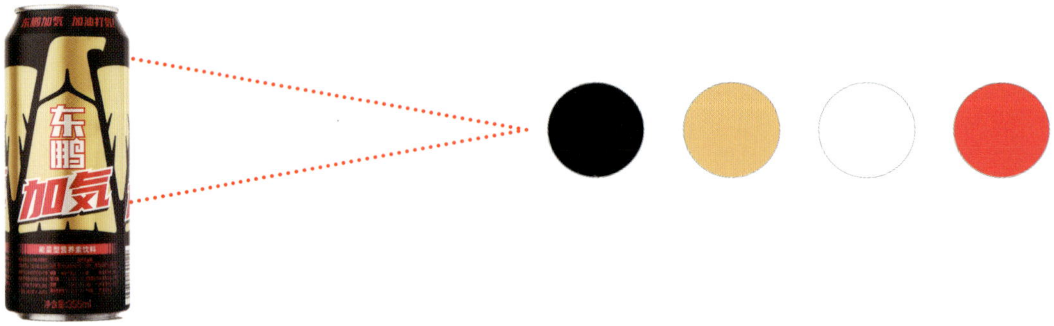

机关 2 增加两个正面，获得绝对陈列优势

通常商品在货架上的摆放很难保证都是正面向外。将超级符号“鹏”的翅膀叠加共用，将原本只能放一个正面“鹏”的产品包装，多放两个正面。在一个瓶身上呈现三个“鹏”的超级符号，无论在终端货架上瓶身是如何摆放的，都可以无死角地看到完整的超级符号，在货架上获得明显的陈列优势。

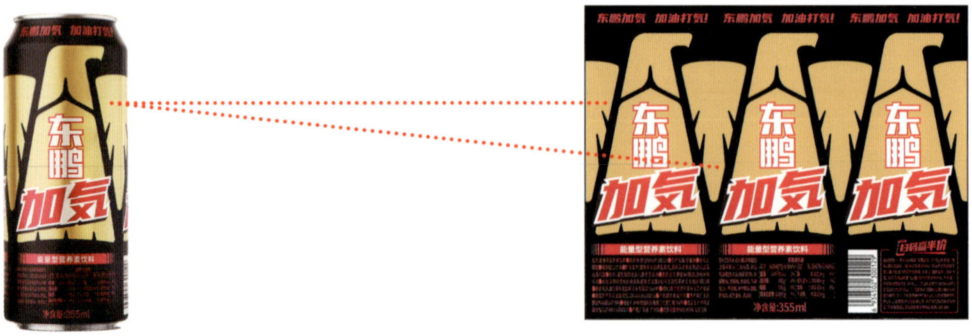

机关 3 以黑色突出产品时尚、年轻的属性

使用黑色作为这款包装的底色，体现时尚、年轻的属性，并能与市场上其他饮料形成区别。

机关 4 继承超级符号，持续积累品牌资产

继承东鹏特饮产品“鹏”的超级符号，在不破坏原有符号的要求下，对“鹏”进行放大调整，使其在消费者能看到瓶身的 120°内，获得更大的陈列面积，以此为产品赋能。

机关 5 品牌名放大，加速识别

除了以颜色的层次突出“加気”命名以外，也对品名做了放大处理，使消费者能一目了然识别产品。

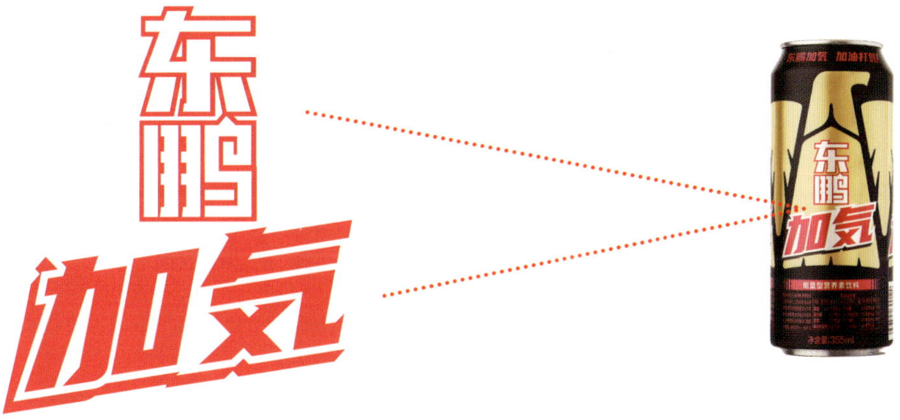

机关 6 品牌谚语上包装，把包装当作广告位

将“东鹏加気 加油打気”的品牌谚语放在瓶口，让每一瓶产品的包装都成为产品的广告媒体。

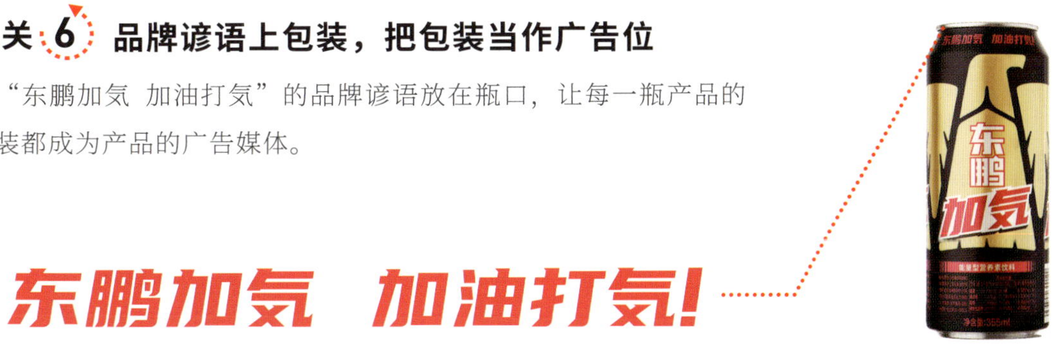

系列包装及终端陈列

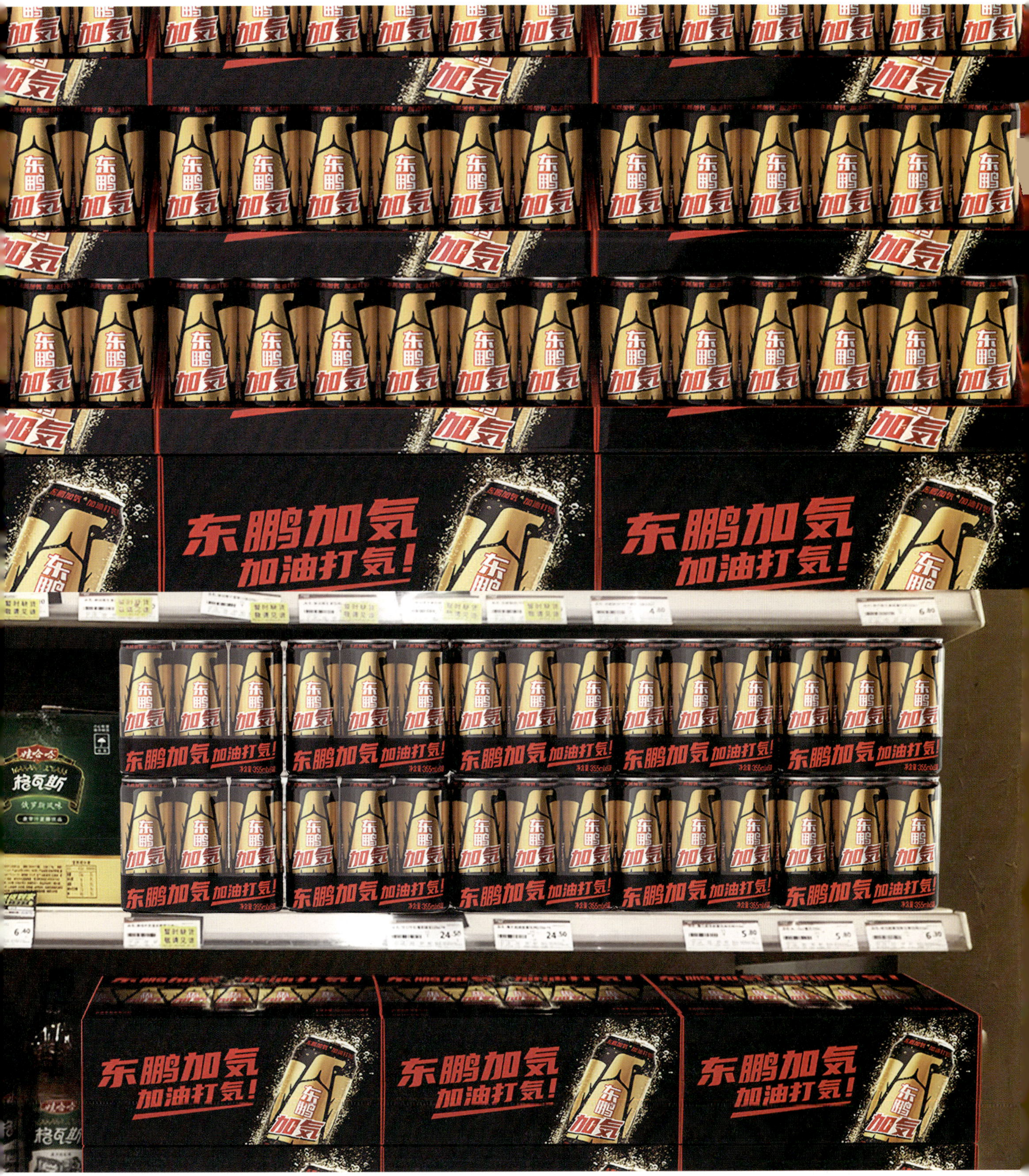
东鹏加気
加油打気！
东鹏加気 加油打気！

用版式加强沟通力与货架优势

项目名
轩妈食品

设计师
施锦慧　林奕杰　唐进红

策略师
刘群越

插画师
唐进红

新旧包装对比

OLD
旧包装

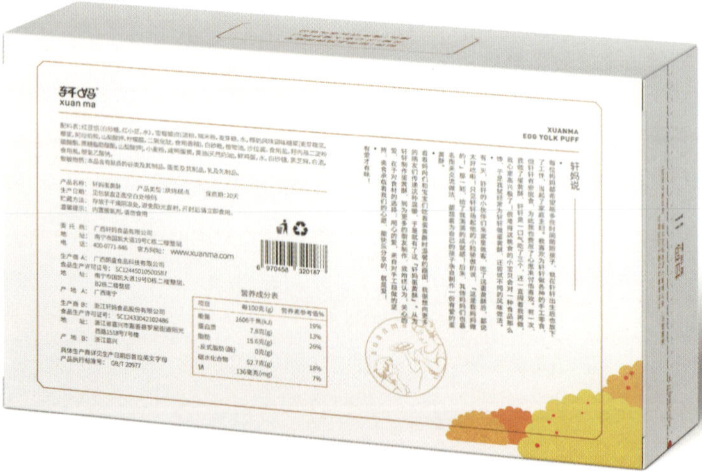

发现问题

1. 包装版式上的阅读信息混乱，重点信息不清晰，消费者很难找到关心的内容，容易造成沟通上的困难。
2. 包装版式风格清新，不显眼，且包装六面的空间使用不充分，容易造成该包装在货架上陈列优势的缺失。

NEW
新包装

解决问题

1. 用产品包装的版式设计加强与消费者的沟通力，让消费者关心的口味、枚数、生产日期等内容都清晰可见，从而降低沟通成本。
2. 用产品包装的版式设计加强其在货架上的陈列优势，改变清新风格，让包装成为企业最大的自媒体。

拆解新包装的关键机关

机关 1 积累轩妈独有的品牌资产，打造符号性极强的包装

机关 2 蛋黄酥产品照片强化拉丝视觉效果

机关 3 放上“香港优质正印”和“世界食品品质”的奖章

机关 4 真实品牌故事＋工厂照片

机关 5 总结提炼轩妈好蛋黄三大价值

机关 6 4 层馅料可视化

机关 7 突出安佳黄油和拉丝雪莓娘

机关 8 植入消费场景

机关 9 品牌谚语再重复，躺着陈列也能看见品牌

机关 10 在遵守法律法规的前提下，非重要的常规信息缩小68%

机关 7
机关 6
机关 8
机关 5
机关 4
机关 9
机关 10
机关 3
机关 1
机关 2
没有好蛋黄
轩妈不开工
轩妈
蛋黄酥
经典红豆味
连续获奖
烘烤糕点
6枚
独立包装
净含量:330g

机关 1 积累轩妈独有的品牌资产，打造符号性极强的包装

• 双黄蛋设计，包装在终端获得极强的货架优势，更容易被发现！

双黄蛋色彩选择对比色，使用轩妈红和轩妈黄的色彩搭配。设计产品包装时，品牌色彩的关系也十分紧密。此时并非仅通过商品的味道来挑选色彩，还要从品牌形象的联系中挑选颜色。追求设计出商品专属的色彩，得以清楚区隔竞争商品，这种手法可以称为“呈现品牌色彩”。

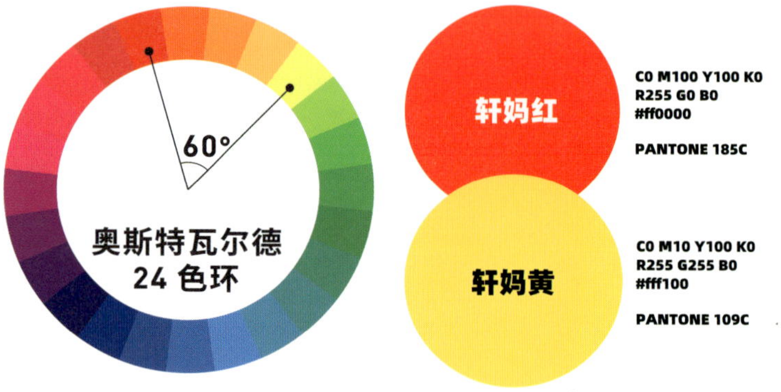

• 轩妈超级符号、品牌名称、双黄蛋设计都为企业积累品牌资产！

将超级符号、品牌名称以及双黄蛋放在视觉的焦点处，直接传播品牌资产。

机关 2 蛋黄酥产品照片强化拉丝视觉效果

• 货卖一张图，看了就想吃！呈现蛋黄酥拉丝的戏剧效果，更具有视觉冲击力！

蛋黄酥产品展示，比原有产品展示面积放大 1.5 倍，最大限度地刺激消费者的食欲和购买欲！

食品包装上的“广告照片”是最能强调产品魅力的手法。品质卓越的广告照片能刺激人的本能。要拍出看起来美味的广告照片，必须借助具有独特拍摄知识的食物摄影师和食物造型师的力量，因为他们知道可以让食物显得更美味的照明和摆盘方式。此外，如果广告照片和实际商品相差过大，又会失去消费者的信赖，因此必须同时兼备呈现内容物魅力和贴近实物的手法。呈现蛋黄酥拉丝的照片，最大限度增强产品的戏剧性；蛋黄酥产品展示，比原有产品展示面积放大 1.5 倍，最大限度刺激消费者的食欲和购买欲！

机关 3 放上“香港优质正印”和“世界食品品质”的奖章

• 强化蛋黄酥安全可信度，强调蛋黄酥满足国际标准。

轩妈获得了“香港优质正印”和“世界食品品质”的奖章，满足国际标准，但之前却没有放在产品包装上。将其放在产品包装上，不仅可以让消费者更加信赖产品的品质，还能通过奖章突出产品价值，从而实现“1＋1＞2”的效果。

机关 4 真实品牌故事＋工厂照片

- 有图有真相，用故事结合照片。

呼应“没有好蛋黄，轩妈不开工”的品牌谚语，使其更具说服力！

2017年中秋节后，由于原供应商低估轩妈蛋黄酥的产量，没有提前腌好蛋黄，导致轩妈没有高品质的咸蛋黄制作蛋黄酥。轩妈不愿意以次充好，顶着巨大的消费者需求和公司运作的压力，选择了停产。轩妈说：“**没有好蛋黄，轩妈不开工！**”轩妈找遍全国咸蛋黄供应商，在经历了几轮严厉筛选后，终于找到了符合要求的高品质咸蛋黄。工厂停产15天后，轩妈蛋黄酥终于复产。

机关 5 总结提炼轩妈好蛋黄三大价值

- 继续强化轩妈好蛋黄的产品价值。

机关 6 4 层馅料可视化

- 层层介绍更诱人，强化产品原料价值。

区别市场上的蛋黄酥，强调轩妈蛋黄酥经典 4 层馅料及其口感特点！

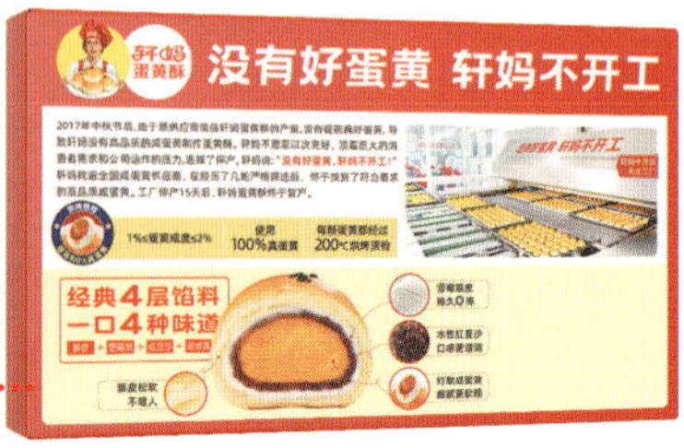

机关 7 突出安佳黄油和拉丝雪莓娘

- **让消费者知道轩妈用的都是好食材。**

安佳黄油和雪莓娘都是好食材。安佳黄油比普通黄油更优质，雪莓娘比其他竞品用的麻薯更持久Q弹，这些信息都成为极强的购买理由。

机关 8 植入消费场景

- **将产品可能用到的消费场景放在最后，暗示消费者，刺激其购买！**

机关 9 品牌谚语再重复，躺着陈列也能看见品牌

- **充分利用顶面+底面空间重复品牌信息，让包装不浪费每一处空间！**

传播的本质，就是重复、重复、再重复，重复即天机。

* 卖场实际场景图

机关 10 在遵守法律法规的前提下，非重要的常规信息缩小 68%

• 节约包装背面空间，将其压缩在左侧，把大空间留给更重要的品牌信息！

产品包装上的“产品标示”，就是告知消费者有关产品的各种资讯，这些资讯会统整汇集于包装的侧面。标示方式必须依照法律规范来写，文字字高不可低于 1.8 mm。产品标示是消费者购买时的重要参考资讯，必须正确标示。

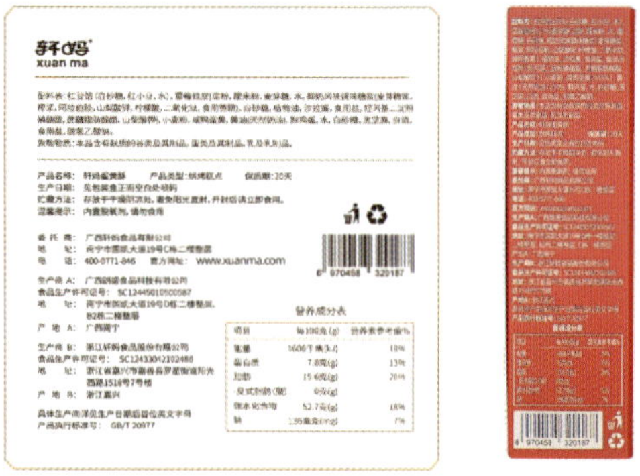

* 原产品标示信息

系列包装及终端陈列

供港标准
连续获奖
轩妈
蛋黄酥
经典红豆味
4枚
独立包装
净含量：220g

供港标准
连续获奖
轩妈
蛋黄酥
经典红豆味
2枚
独立包装
生产日期：2020\07\10 12:00 AM
供港品质
孕妇 小孩
放心吃
没有好蛋黄 轩妈不开工

轩妈
蛋黄酥
烘烤质检
使用100%真蛋黄
1%≤蛋黄咸度≤2%
使用
100%真蛋黄
每颗蛋黄
都经过
200℃烘烤质检
经典4层馅料
一口4种味道
连续获奖
连续获奖
供港品质
孕妇 小孩
放心吃
没有好蛋黄
轩妈不开工
轩妈
蛋黄酥
没有好蛋黄
轩妈不开工
供港品质
孕妇 小孩
放心吃
连续获奖
连续获奖
没有
轩妈

轩妈
蛋黄酥
连续获奖
连续获奖
轩妈
蛋黄酥
没有好蛋黄
轩妈不开工
没有好蛋黄 轩妈不开工

规划包装信息层级
提升品牌形象

项目名
幸运方便面

设计师
陈伟恩　施榕彬

策略师
叶书敏　孙艳艳

插画师
何康海　张华山

新旧包装对比

OLD
旧包装

发现问题

幸运产品原包装的整个排版缺少章法，品牌区与产品区规划不合理，信息层级较混乱，不能有效地突出信息，整体的包装形象建设有待改善。

NEW
新包装

解决问题

重新对幸运产品包装进行设计，通过重新规划整体版式的信息区域，对排版的逻辑及呈现方式做了全新的规范，以达到助力品牌形象全新升级的目的。

拆解新包装的关键机关

机关：1 品牌角色及品牌名区——创造“魔法小丑”的品牌角色，加深顾客的识别记忆

机关：2 品名区——用颜色打造视觉优势

机关：3 产品价值说明区——强化购买理由

机关：4 品牌谚语区——刺激消费者购买欲望

机关：5 品牌纹样应用——为产品带来货架陈列优势

机关：6 背面品牌区——进一步增加超级符号的出现频率

机关：7 产品价值属性，好面新标准——给消费者一个判断标准

机关：8 葱油包的价值说明——打消消费者对品质的顾虑

机关：9 包装升级说明——为老客户提供购买指南

机关 2
机关 1
机关 5
幸运
红烧排骨面
上等嫩排小火慢炖，肉香浓浓鲜美诱人
机关 3
幸运面里有幸运
价值4999元幸运金砖等你拿
机关 4

能干吃的面才是好面
机关 7
高汤入面 坚持 20 年不动摇
采用幸运秘制高汤喷淋面身，再用 128 度高温蒸汽蒸熟，让滋味深入面条骨子里。面条含水率更低，干吃香脆，泡吃劲道，韧劲十足。面块好不好，干吃咬一口就知道。
包装升级
机关 6
幸运
无防腐剂 手工熬制葱油包
精选上等葱头、蒜头，采用传统手工熬制工艺，8 小时小火慢熬精制而成，不防腐剂、不添加任何添加剂。天然健康，鲜香诱人，细细品味你就知道有多么细腻美味。
机关 9
机关 8

机关 1 品牌角色及品牌名区——创造“魔法小丑”的品牌角色，加深顾客的识别记忆

原有品牌只有文字符号“幸运”二字，缺乏具象的、便于记忆的符号。“魔法小丑”卡通形象的设计，能为品牌建立起符号形象资产。

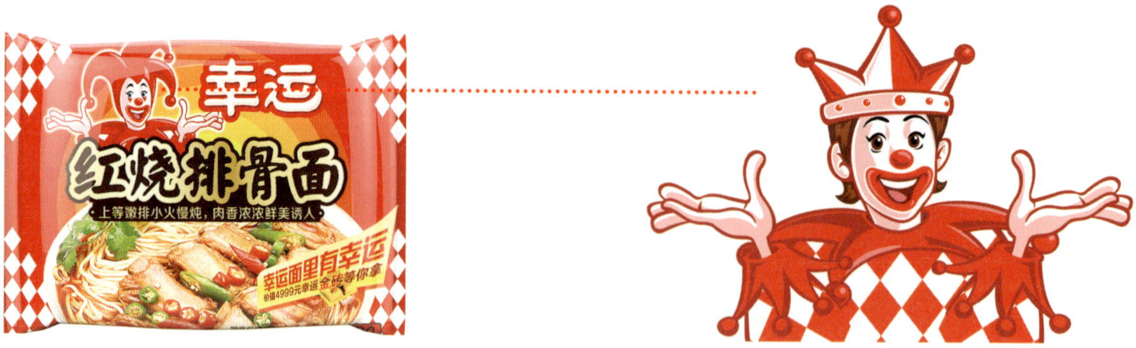

机关 2 品名区——用颜色打造视觉优势

用黑色字体和金色描边的效果，与包装的整体红色调形成明显的区别，便于突出产品名。同时，黑色与金色的搭配也更具有质感。

机关 3 产品价值说明区——强化购买理由

在产品名下增加“上等嫩排小火慢炖，肉香浓浓鲜美诱人”的卖点信息，刺激食欲，强化购买理由。

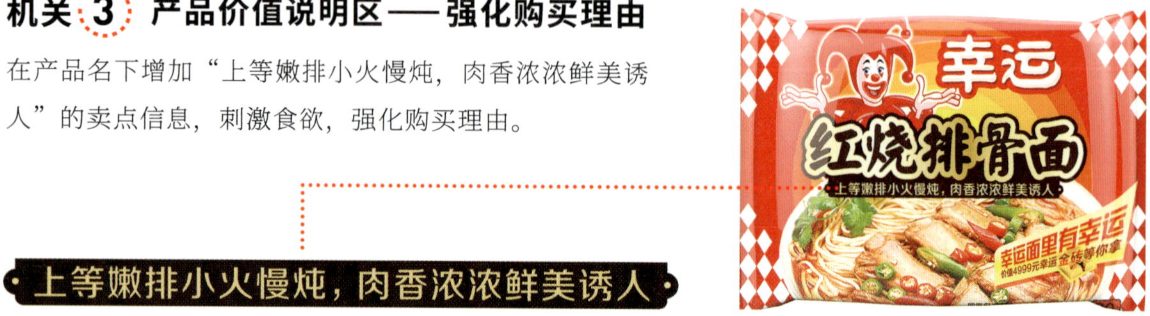

机关 4 品牌谚语区——刺激消费者购买欲望

品牌谚语的设计，不仅可以强化产品的购买理由，同时也能驱动消费者购买其产品，而且“幸运面里有幸运”与购买活动相呼应，进一步刺激消费者的购买欲望。

机关 5 品牌纹样应用——为产品带来货架陈列优势

菱形格子的纹样设计，为产品带来货架陈列优势，也为消费者带来对幸运产品的记忆点。

机关 6 背面品牌区——进一步增加超级符号的出现频率

机关 7 产品价值属性，好面新标准——给消费者一个判断标准

能干吃的面才是好面

高汤入面 坚持 20 年不动摇

采用幸运秘制高汤喷淋面身，再用 128 度高温蒸汽蒸熟，让滋味深入面条骨子里。面条含水率更低，干吃香脆，泡吃劲道，瞬劲十足。面块好不好，干吃咬一口就知道。

机关 8 葱油包的价值说明——打消消费者对品质的顾虑

无防腐剂 手工熬制葱油包

精选上等葱头、蒜头，采用传统手工熬制工艺，8 小时小火慢熬精制而成，不防腐剂，不添加任何添加剂。天然健康，鲜香诱人，细细品味你就知道有多么细腻美味。

机关 9 包装升级说明——为老客户提供购买指南

系列包装及终端陈列

幸运
番茄
脆脆香
番茄汁入面更好吃!
不添加色素
净含量:60克
油炸型膨化食品
墨鱼
脆脆香
墨鱼汁入面更好吃!
海苔
脆脆香
海苔入面更好吃!
央视网商城入驻品牌
脆脆香
口口香脆 超级好吃
香脆烧烤牛肉味
镇江味佳园食品有限公司
超值60克加量不加价
香脆奥尔良烤翅味
幸运面越吃越幸运

幸运
大
泡拌
蟹
泡
幸运
泡拌
红烧
幸运
脆脆香
超级好吃
超值60克
加量不加价
幸运
脆脆香
超值60克
幸运
蟹皇面
蟹香浓郁 汤鲜味美
多能
煮干炒拌
多样都能吃
幸运面
越吃越
幸运
红烧排骨面
排骨香浓 鲜美诱人
多能
煮干炒拌
多样都能吃
幸运面
越吃越

净含量:面饼+配料=119克
面饼83克
重庆小面
川香麻辣牛肉面
大
净含量:面饼+配料=126克
面饼83克
幸运
泡拌
红烧
拌
幸运
泡拌
香辣
超值60克
加量不加价
超值60克
加量不加价
幸运
幸运小丸家
咔嚓咔嚓
一口一个
怪味
幸运
幸运小丸家
咔嚓咔嚓
一口一个
鸡汁味
幸运
幸运小丸家
咔嚓咔嚓
一口一个
海苔味

礼盒包装设计
突出产品价值感和品质感

项目名	设计师	策略师	插画师
好想你	徐前程　吴宏普	杨鹏宏　冯雨　单雨	唐进红

新旧包装对比

OLD
旧包装

发现问题

好想你·健康情系列是历年来最受消费者欢迎的好想你礼盒产品，分为一级枣和特级枣两种礼盒规格。但是原包装的风格较为老化，礼盒品质感较弱，产品购买理由不突出，使用场景无宣导，对获取新客户有影响。

NEW

新包装

解决问题

新包装重新规划了礼盒的主基调颜色，提升礼盒品质感，并放大了品牌角色——枣皇帝，运用邮票品牌纹样、绶带勋章等具有原力的元素，让产品卖点更加有仪式感，从而提高礼盒的整体价值感。

拆解新包装的关键机关

机关 1 放大品牌角色，让品牌资产持续积累

机关 2 借助传统文化原力，增强产品文化底蕴

机关 3 用绶带和勋章的形式突出卖点信息，提高品牌权威性

机关 4 用邮票品牌纹样设计，借助原力建立情感联结

机关 5 有图有真相，增加产品品质信赖感

机关 6 包装侧面也当作广告位，放上品牌谚语

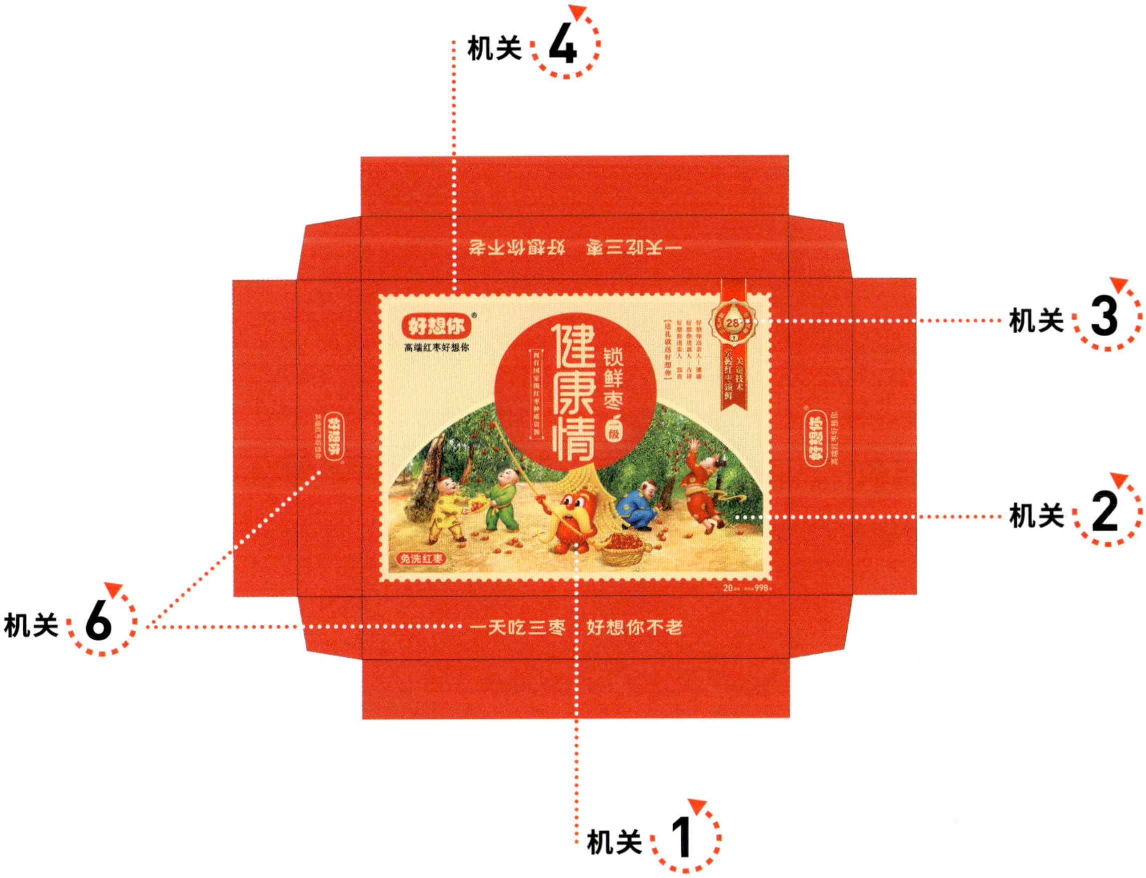
机关4
机关3
机关2
机关6
机关1
一天吃三枣 好想你不老
好想你
高端红枣好想你
健康情
锁鲜枣
一级
免洗红枣

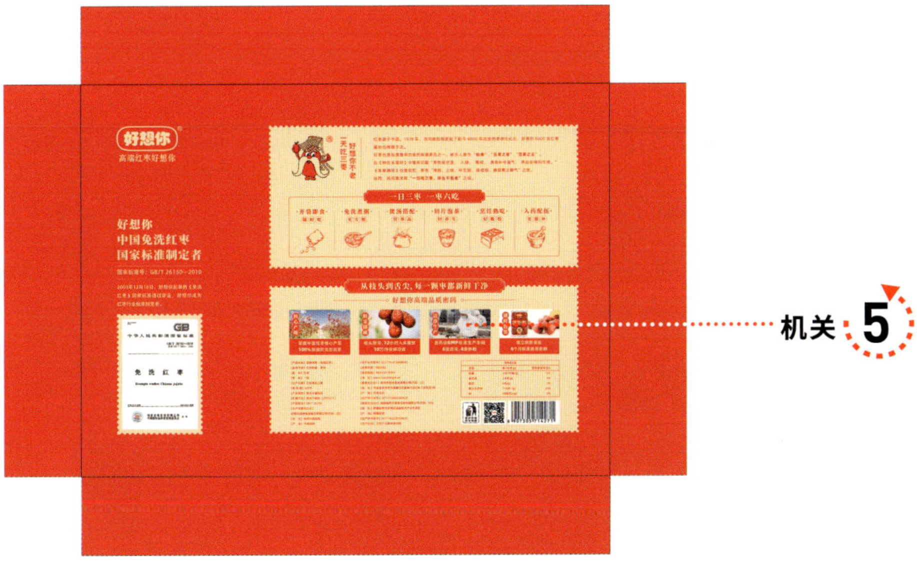
好想你
高端红枣好想你
好想你
中国免洗红枣
国家标准制定者
一日三枣 一枣六吃
从枝头到舌尖，每一颗枣都新鲜干净
机关5

机关 1 放大品牌角色，让品牌资产持续积累

在产品包装正面的“打枣图”中融入品牌角色——枣皇帝，使之位于视觉中心并进行放大设计，让品牌资产持续积累。

机关 2 借助传统文化原力，增强产品文化底蕴

“打枣”是传统文化中具有文化原力的一个场景，保留并优化“打枣图”画面，以此增强产品的文化底蕴。

机关 3 用绶带和勋章的形式突出卖点信息，提高品牌权威性

机关 4 用邮票品牌纹样设计，借助原力建立情感联结

邮票具有传达“思念”的文化原力，利用邮票框的品牌纹样设计，建立消费者与“好想你”的情感联结。

机关 5 有图有真相，增加产品品质信赖感

将产品的产区、枝头、工厂照片展现给消费者，增加消费者对产品品质的信赖感。

机关 6 包装侧面也当作广告位，放上品牌谚语

将品牌谚语“一天吃三枣　好想你不老”以及“好想你”品牌标志放在包装所有侧面的广告位，增加曝光机会，持续积累品牌资产。

系列包装及终端陈列

好想你
高端红枣好想你
健康情
锁鲜枣
免洗红枣
一级
好想你送亲人
好想你送恩人
好想你送贵人
送礼就送好想你
关键技术
掌握红枣锁鲜
净含量/规格：1.35千克(24袋)

好想你
高端红枣好想你
健康情
锁鲜枣
免洗红枣
一级

掌握红枣锁鲜关键技术
好想你
高端红枣好想你
健康情
锁鲜枣
免洗红枣
一级
特级

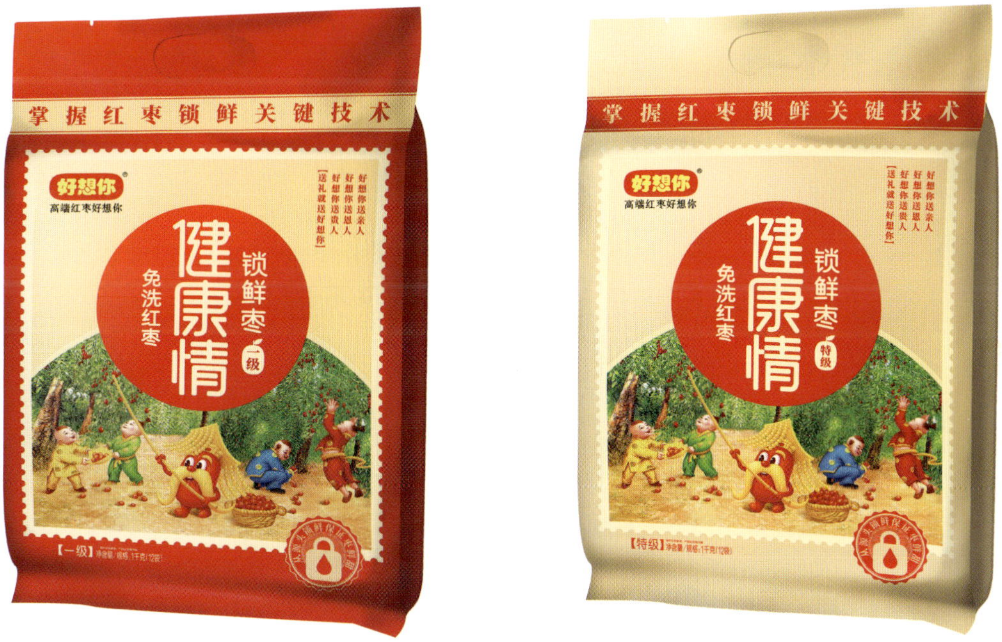
掌握红枣锁鲜关键技术
好想你
高端红枣好想你
好想你送亲人
好想你送恩人
好想你送贵人
送礼就送好想你
健康情
锁鲜枣
免洗红枣
一级
【一级】
掌握红枣锁鲜关键技术
好想你
高端红枣好想你
好想你送亲人
好想你送恩人
好想你送贵人
送礼就送好想你
健康情
锁鲜枣
免洗红枣
特级
【特级】

好想你
高端红枣好想你
锁鲜
去核红枣

放大品牌角色
就是放大品牌资产

项目名
吉士丁

设计师
禹玉良　丁洪权

策略师
方有华　王可

插画师
杜娟娟　叶倩倩

新旧包装对比

OLD
旧包装

发现问题

原包装的主要位置使用了联名品牌角色的组合，但是对于消费者来说，品牌名和产品名无法一眼被看到和被记住，很难有效地积累品牌资产。同时，卖点信息无法被直观看到，不利于消费者快速做出购买决策。

NEW
新包装

解决问题

将包装正面最大的广告位留给品牌角色——“奶酪王子”，降低消费者识别和记忆成本的同时，也为品牌持续积累资产；放大产品名和关键产品信息，强化购买理由，帮助消费者快速做出购买决策。

拆解新包装的关键机关

机关 1 放大品牌角色，就是放大品牌资产

机关 2 把品牌名和产品名相结合并放大，提高产品注意率

机关 3 产品名直接体现产品属性，并突出“大”字，体现差异化

机关 4 产品图片上包装，让消费者知道产品长什么样子

机关 5 用大面积的高饱和度色彩，打造货架陈列优势

机关 6 充分利用背面广告位，放大证据链，让包装自己会说话

机关 7 用“奶酪王子”小课堂，建立品牌资产

机关 8 有图有真相，对比更有说服力

机关 9 让包装成为“亲子互动”的好道具，增加体验价值

机关 7
机关 9
机关 3
机关 2
机关 5
吉士丁 奶酪王子 小课堂
足足22克
比普通奶酪棒大10%**
更大
更满足
VS
4倍牛奶钙含量*
添加益生元低聚半乳糖
维生素D可促进钙的吸收。
好吃又好玩
布丁口感 浓郁奶香
趣味百科知识问答
边吃奶酪边长知识
严选进口酪源
营养成分表
6 972457 561141
奶酪棒 我要更大的
吉士丁
大奶酪棒
原味
4倍牛奶钙含量*
维生素D
益生元低聚半乳糖
再制干酪
净含量：132g（120g+12g）
6支装
机关 8
机关 6
机关 4
机关 1

机关 1 放大品牌角色，就是放大品牌资产

将品牌角色——“奶酪王子”放置在包装的最醒目处，用最大的广告位来突出角色形象，放大品牌资产。

机关 2 把品牌名和产品名相结合并放大，提高产品注意率

品牌名是产品最重要的资产，把品牌名“吉士丁”和产品名“大奶酪棒”相结合并放大，提高产品名的注意率。

机关3 产品名直接体现产品属性，并突出“大”字，体现差异化

将原来的“成长棒”改为更能直接体现产品属性的“奶酪棒”，并结合产品跟竞品的差异性，放大“大奶酪棒”的“大”字，增加记忆点。

机关4 产品图片上包装，让消费者知道产品长什么样子

“奶酪棒”是奶酪王子的视线焦点，引导人们看到奶酪王子的时候，也必然会看向他手中的“奶酪棒”。以这种趣味性的视觉动线，让消费者知道产品长什么样子。

机关 5 用大面积的高饱和度色彩，打造货架陈列优势

儿童喜欢明快、丰富的颜色，用大面积的高饱和度色彩，更容易吸引儿童消费者的注意力，也更具有货架陈列优势。

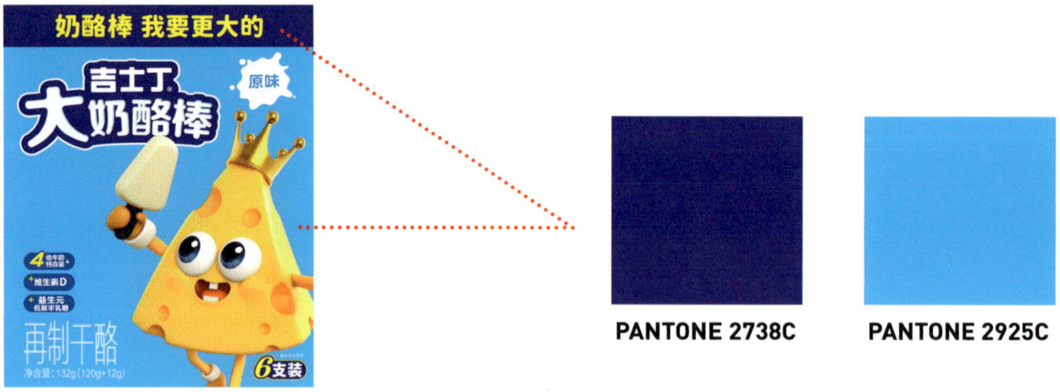

机关 6 充分利用背面广告位，放大证据链，让包装自己会说话

重新整理了包装背面的信息，让展位比旧包装增加了 230% 的空间。放大证据链，充分利用包装背面的广告位去传递产品信息，让包装成为售货员，自己会说话。

机关 7 用“奶酪王子”小课堂，建立品牌资产

以“奶酪王子”小课堂的形式，软性植入介绍奶酪营养价值的信息，使“奶酪王子”人格化，增加品牌角色的亲切感，同时重复奶酪王子的形象，加强品牌资产的积累，为后续系列产品的多元传播打下基础。

机关 8 有图有真相，对比更有说服力

用图片对比的形式，使产品价值显性化，强化产品的购买理由；并用数据“22 克”和“4 倍”再次强化产品“大”的特点，更加具有说服力。

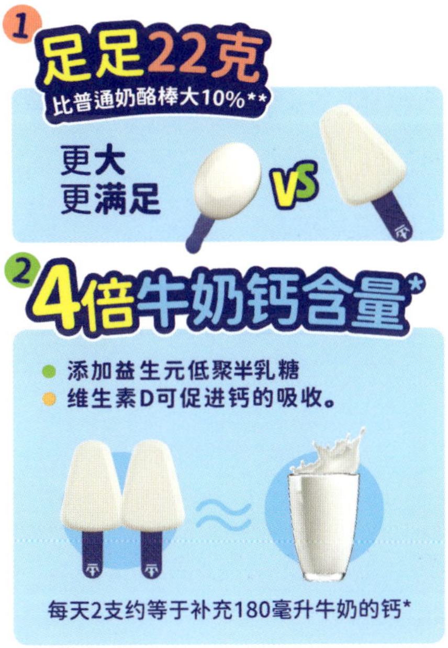

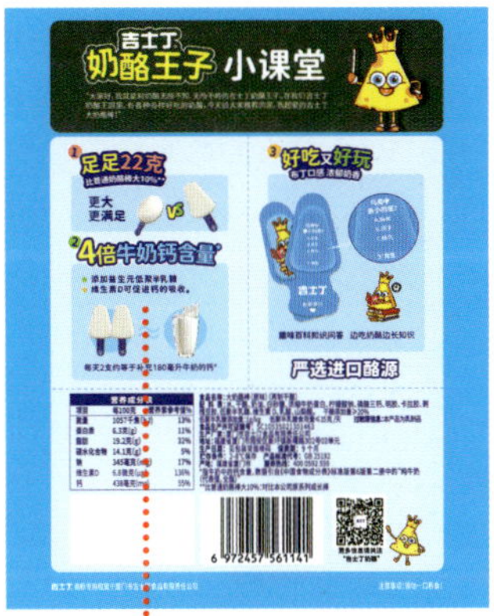

机关 9 让包装成为“亲子互动”的好道具，增加体验价值

“百科知识问答”上包装，让包装成为“亲子互动”的好道具，为消费者带去知识，增加体验价值。

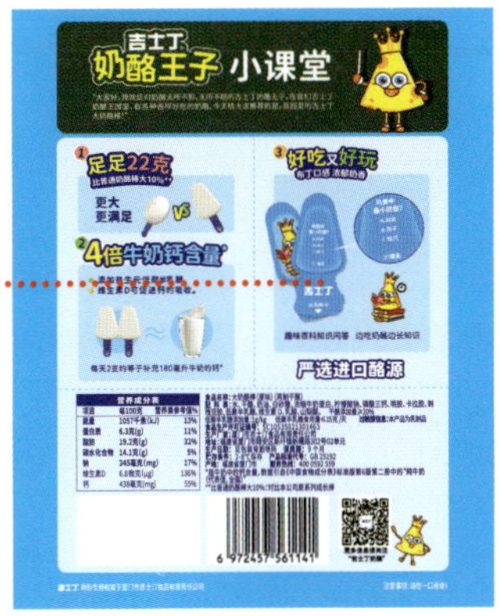

系列包装及终端陈列

吉士丁
大奶酪棒
欢迎免费试吃
4倍牛奶钙含量
+维生素D
+DHA
原味不额外添加香精
奶酪王子
奶酪棒 我要更大的
吉士丁
大奶酪棒
原味
再制干酪
服务热线 400-0592-559
厦门市吉士汀食品有限责任公司
奶酪棒 我要更大的

奶酪棒 我要更大的
吉士丁
大奶酪棒
原味
4倍牛奶钙含量
维生素D
益生元 低聚半乳糖
再制干酪
净含量：132g（120g+12g）
6支装
草莓味
蓝莓味

4倍牛奶钙含量
维生素D
DHA
原味不额外添加香精
吉士丁
大奶酪棒
奶酪棒 我要更大的

奶酪棒 我要更大的
吉士丁
大奶酪棒
4倍牛奶钙含量
+维生素D
+DHA
买一送一
成长棒

奶酪棒 我要更大的
吉士丁
大奶酪棒
第二包0元
19.80
24.80
12.90
奶酪棒
妙可蓝多
已为您比价

奶酪杯
88.8
原味·不额外添加香精
12.90
吉士汀
奶酪棒 我要更大的
吉士丁
大奶酪棒
奶酪棒
原味
蓝莓味
草莓味
第二包0元
19.80
人气热销
6支装 120g
成长棒
5支装

设计包装就是
编码品牌的传播信号

项目名	设计师	策略师	插画师
晨冠	张少彬	宋雅辉　李桢窈	汪洋

Hikid
聪尔壮
菁粹®
幼儿配方奶粉
3
适用于12-36月龄幼儿
净含量：900g

新旧包装对比

OLD
旧包装

发现问题

2017年，奶粉配方注册制新政推出，对奶粉包装的文字和画面有了更严格的要求，很多功能卖点文字、宝宝形象、器官图形等都不能出现在包装上。所以聪尔壮之前的包装使用过的元素、积累的资产几乎不能继续使用，在这样的情况下，华与华在确保包装能够顺利通过配方注册制审核的同时，要帮助聪尔壮建立新的品牌资产，降低传播记忆成本。

NEW

新包装

解决问题

新包装在遵守国家《婴幼儿配方乳粉配方注册管理办法》的规定下，用皇冠虎的角色，为品牌建立资产。并且，每一款产品包装都结合该产品的功能特点与“皇冠虎”进行创意设计，通过设计包装来编码品牌的传播信号，使每款产品包装都易识别、可描述，便于消费者进行二次传播。

拆解新包装的关键机关

机关 1 放大品牌角色，就是放大品牌感染力

机关 2 结合产品功能与“皇冠虎”进行创意设计，突出产品特点

机关 3 在遵守法规的前提下，尽量放大产品名，让消费者记住产品叫什么

机关 4 放大奶粉段数，让消费者快速、正确地选择产品

Hikid
聪尔壮
菁粹®
幼儿配方奶粉
3
适用于12-36月龄幼儿
净含量: 900g
机关 1
机关 2
机关 3
机关 4

机关 1 放大品牌角色，就是放大品牌感染力

将具有健康、强壮原力特征的小老虎私有化，创意出“皇冠虎”的角色。一方面，利用人们对老虎强壮形象的熟悉感，吸引消费者目光；另一方面，皇冠也代表着权威和品质，容易建立信任感。在罐身放大品牌角色，就是加强与消费者的沟通，放大品牌的感染力。

机关 2 结合产品功能与“皇冠虎”进行创意设计，突出产品特点

菁粹奶粉添加新一代结构脂 OPO 7.0，将围绕科技感的螺旋链放大，并与“皇冠虎”重新组合创意设计，让产品的功能特点显性化。

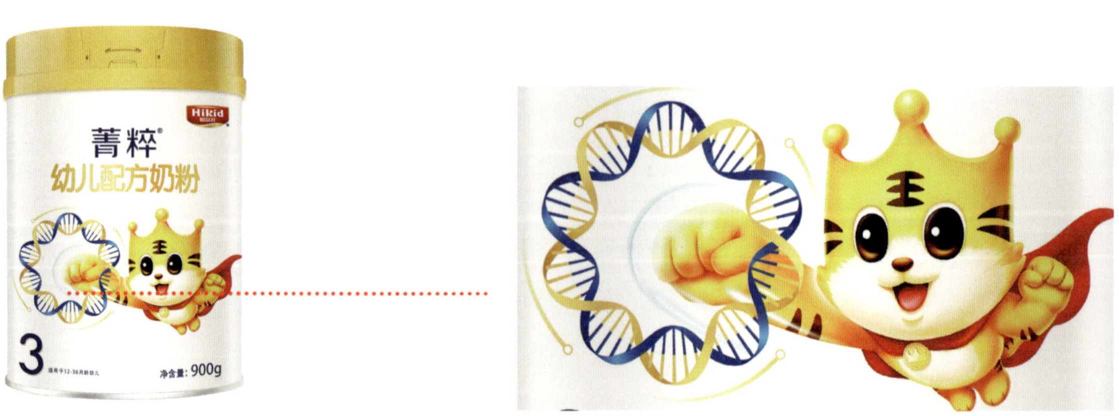

机关 3 在遵守法规的前提下，尽量放大产品名，让消费者记住产品叫什么

在遵守法规要求的字号大小前提下，用黄蓝互补色实现信息层级的区分，让消费者更容易阅读、更容易记住产品。

机关 4 放大奶粉段数，让消费者快速、正确地选择产品

包装就是销售员，消费者最关心什么信息，就放大什么信息。因此该包装将消费者最关心的“奶粉段数”放大，并辅助补充适用年龄段的信息，帮助消费者快速、正确地选择所需的产品。

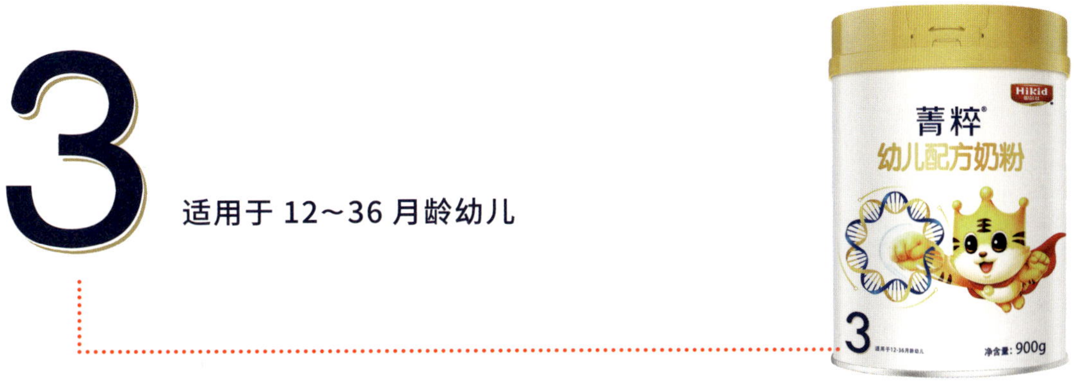

系列包装及终端陈列

美可多
幼儿配方奶粉
12-36月龄 3段
3
国食注字YP20170100
Hikid
菁粹
幼儿配方奶粉
12-36月龄 3段
3
国食注字YP20170154
净含量：900g
Hikid
安宝素
幼儿配方奶粉
12-36月龄 3段
3
国食注字YP20170065

Hikid
安宝素
婴儿配方奶粉
0-6月龄 1段
1
国食注字YP
净含量：900g
Hikid
安宝素
较大婴儿配方奶粉
6-12月龄 2段
2
国食注字YP
净含量：900g
Hikid
安宝素
幼儿配方奶粉
12-36月龄 3段
3
国食注字YP
净含量：900g

菁粹
新一代结构脂 OPO 7.0
368

akara
爱瑞嘉
购放心奶粉 到张书专卖
热卖中
四送一

鲁贝比
LVBABY
5-1A10-7
5-1A10-8
深圳市康利来生物科技有
康利来
菁粹
幼儿配方奶粉
婴儿配方奶粉

同品类产品包装陈列

设计前

设计后

项目名	设计师	策略师	插画师
新西特	汪璐　蔡至扬　李为知	雷莉　徐舒慧	薛婷婷

用超级符号“放大术”放大包装的刺激信号

项目名
六个核桃

设计师
查胜利　于杰　禹玉良

策略师
夏鸣阳　黄晨涛

新旧包装对比

OLD
旧包装

发现问题

通过市场走访发现，整箱购买的“六个核桃”的销售额占到总销售额的 90% 以上，所以它是一个以整箱销售为核心的产品。那么箱体包装设计，就是六个核桃包装设计的战略重心，也是品牌最重要的广告位。但原包装产品名和卖点都不够突出，无法释放更多的刺激信号，让消费者形成购买行动反射。

NEW
新包装

解决问题

新包装的设计，发挥品牌与生俱来的戏剧性，利用超级符号“放大术”，将最具有文化原力的核桃，变成“大核桃”，并将产品名“六个核桃”一起放大，让它们在包装上释放出强烈的刺激信号，吸引更多消费者的注意力。

拆解新包装的关键机关

机关 1 用超级符号“大核桃”和产品名“六个核桃”，打造包装最抢眼版面

机关 2 “产品”和品牌谚语上包装，强化品牌资产，打动消费者购买

机关 3 超级符号和品牌谚语上摇盖，助力品牌信号释放

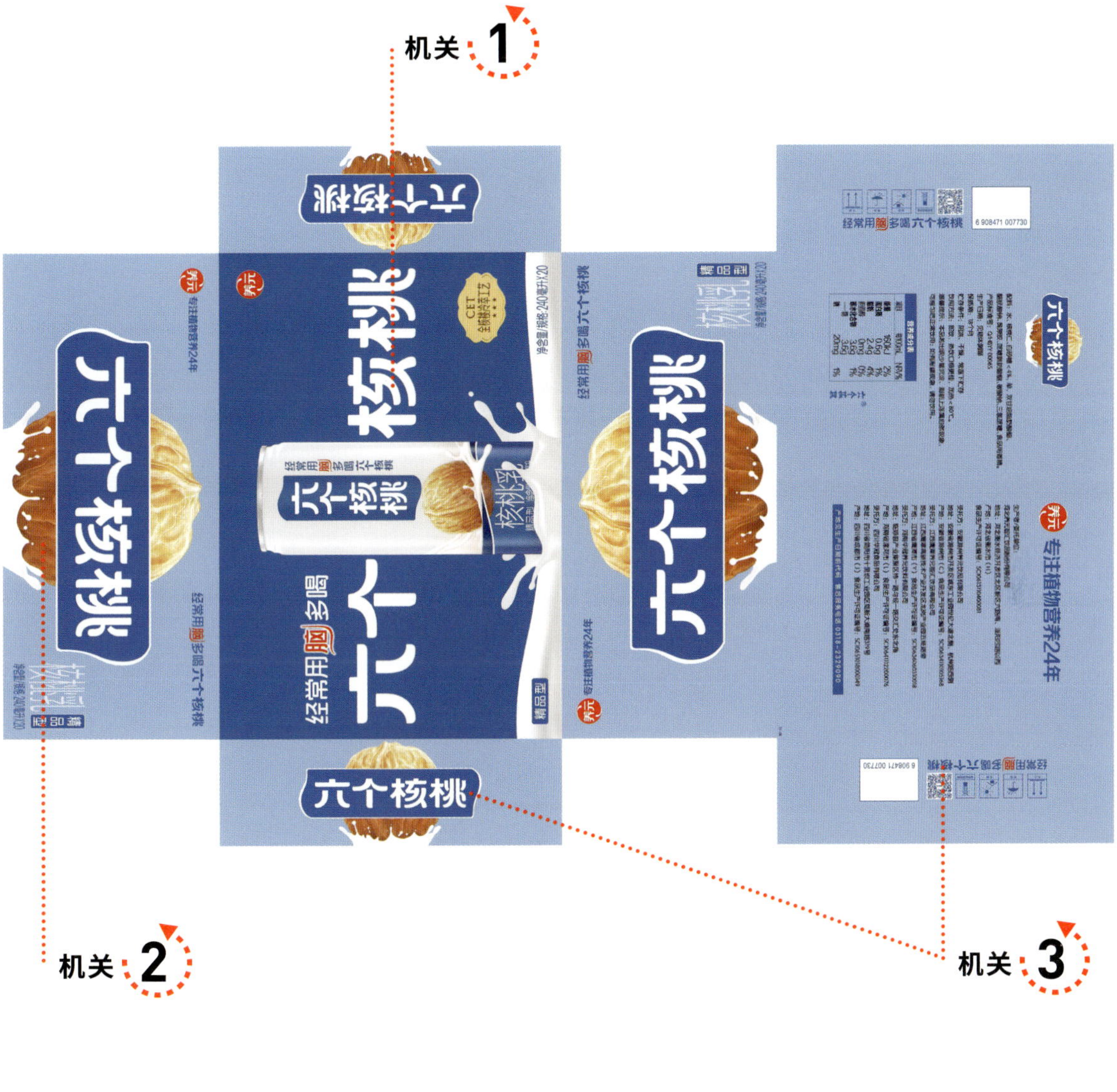
机关 1
机关 2
机关 3
六个核桃
经常用脑多喝六个核桃
专注植物营养24年

机关 1 用超级符号“大核桃”和产品名“六个核桃”，打造包装最抢眼版面

主版面是包装在终端陈列的核心面，在此面放大超级符号“大核桃”和产品名“六个核桃”，并将“大核桃”上下撑满放到最大，让消费者远远地就能看见。

机关 2 “产品”和品牌谚语上包装，强化品牌资产，打动消费者购买

“经常用脑，多喝六个核桃”的品牌谚语是六个核桃最重要的品牌资产，也是最能打动消费者的购买理由。用“中轴对称”的设计版式，将罐体产品和广告语放在箱体顶面，在有限的空间里将“六个核桃”产品名和罐体产品放到最大，不仅提升了视觉效果，还向消费者下达了购买的行动指令。

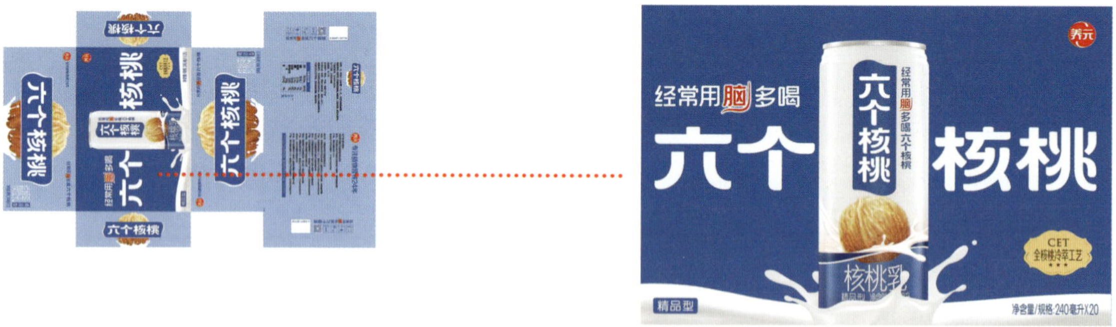

机关 3 超级符号和品牌谚语上摇盖，助力品牌信号释放

产品在货架陈列时，摇盖也会成为展示品牌信息的一面，在此面重复超级符号和品牌谚语，让箱体包装的每一面都成为广告面，不断释放品牌的能量信号。

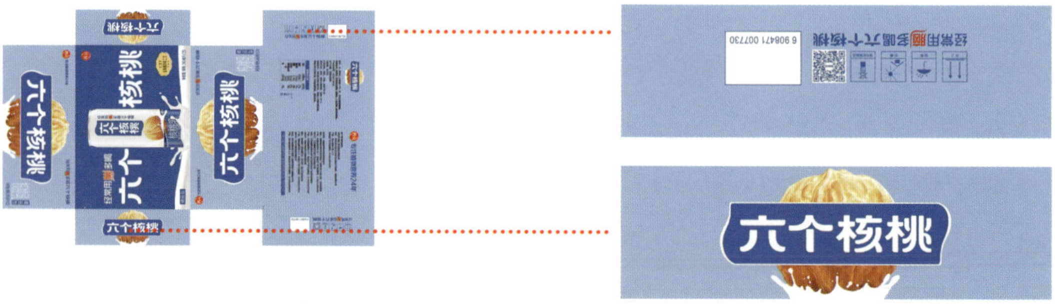

系列包装及终端陈列

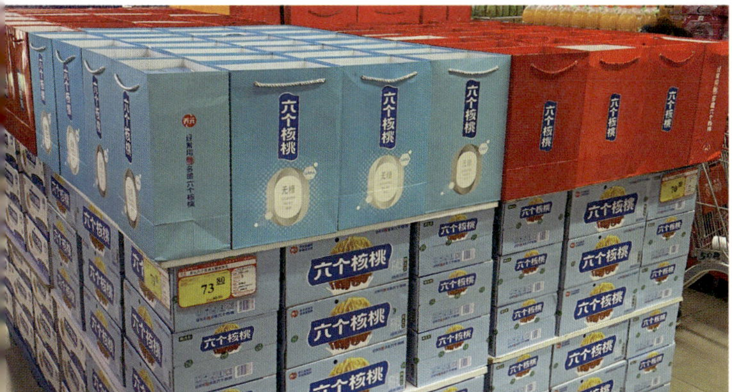

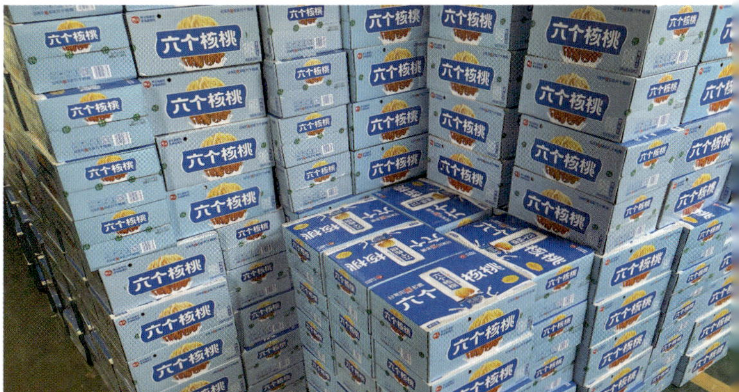

改变包装形态
获得更多信息陈列面

项目名
盼盼

设计师
李江海　林微

策略师
黄慧婷　杨浚祥

插画师
唐进红　马庆栋

新旧包装对比

OLD
旧包装

发现问题

原包装为三边封的设计，产品信息的陈列面积有限，配料表信息只能放在包装的背面。原包装没有突出的记忆点，传播成本较高。而且，三边封包装在终端陈列的方式有限，包装与消费者产生沟通的机会较少。

NEW
新包装

解决问题

新包装的设计，将原来的三边封改为四边封，增加了侧边的两个广告位。将配料表等信息放在包装两侧，便可以腾出包装背面的空间来呈现产品信息和卖点，同时也能满足终端横版、竖版的陈列需求。PP 熊占据包装正面黄金位置，让包装的识别和记忆成本大幅度降低。

拆解新包装的关键机关

机关 1 升级包装形态，增加包装广告位，并满足终端不同的摆放需求

机关 2 将包装的黄金视觉区，打造成核心信息“炸药包”

机关 3 坚持包装透明化，让产品一目了然

机关 4 品牌标志分区设计，避免品牌资产流失

机关 5 生产信息上包装，强化品质保障

机关 6 建立版式规范，就是建立品牌资产

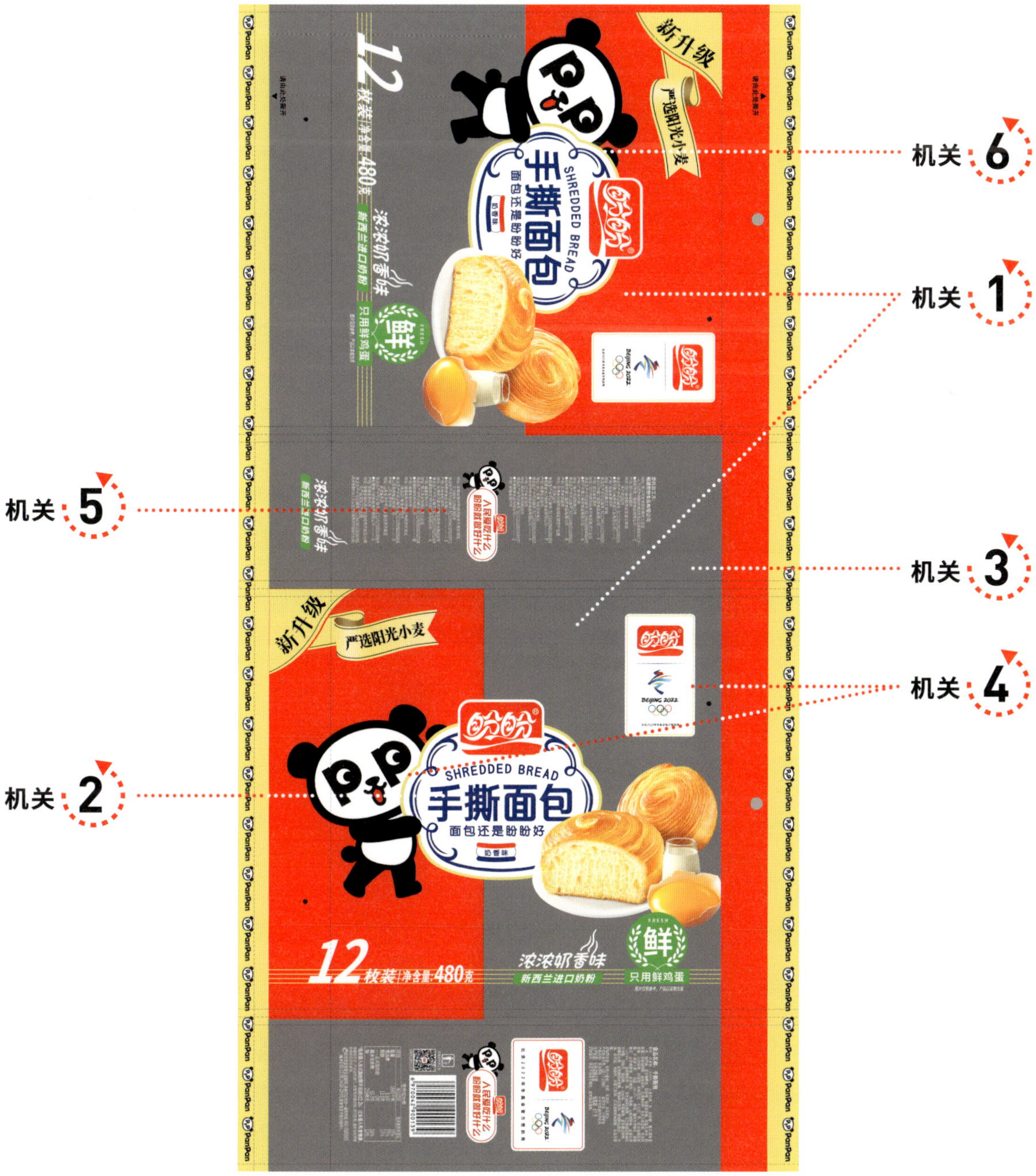
机关 6
机关 1
机关 5
机关 3
机关 4
机关 2
新升级
严选阳光小麦
盼盼
SHREDDED BREAD
手撕面包
面包还是盼盼好
奶香味
12枚装|净含量:480克
浓浓奶香味
新西兰进口奶粉
FRESH
鲜
只用鲜鸡蛋
BEIJING 2022
人民爱吃什么
盼盼就做什么
PanPan

机关 1 升级包装形态，增加包装广告位，并满足终端不同的摆放需求

将原来的三边封包装升级为四边封包装，便可以将配料表等信息陈列在两侧，相应地增加正面广告信息的陈列面积，且四边封的包装也能够满足终端横版、竖版的陈列需求。

机关 2 将包装的黄金视觉区，打造成核心信息“炸药包”

将品牌角色“PP 熊”、品牌名“盼盼”、产品名“丹麦手撕面包”、购买理由“面包还是盼盼好”作为核心信息“炸药包”，放在包装的黄金视觉区，让消费者 1 秒就能看到、3 秒就能看全，快速传递产品信息。

机关 3 坚持包装透明化，让产品一目了然

产品包装上的透明区域占比高达 60%，让消费者能一目了然看见产品，降低购买决策成本。

机关 4 品牌标志分区设计，避免品牌资产流失

将 2022 年冬奥会会徽放在专区，保证品牌标志不被代替，避免品牌资产流失。

机关 5 生产信息上包装，强化品质保障

将盼盼全国 19 大生产基地罗列在侧面，同时放上品牌谚语“人民爱吃什么，盼盼就做好什么”，用生产信息的透明化，强调品质保证，提高消费者的决策效率。

机关 6 建立版式规范，就是建立品牌资产

建立品牌专属版式，就是建立品牌资产，实现指名购买“认准盼盼熊猫，面包还是盼盼好”。未来产品家族开发新产品，其包装设计都保持该版式不变。

系列包装及终端陈列

法式软面包
FRENCH SOFT BREAD
面包还是盼盼好
严选阳光小麦
15枚装

丹麦手撕面包
SHREDDED BREAD
面包还是盼盼好
严选阳光小麦
PanPan

用品牌角色
为品牌价值赋能

项目名
如水坚果

设计师
陈远

策略师
宋雅辉　周庆一　郑欣

插画师
唐进红

新旧包装对比

OLD
旧包装

发现问题

原包装设计，虽然突出了“如水”品牌名，但对该品牌并不熟悉的消费者来说，依然不能快速识别出品类。同时，在同类竞品中，原包装设计也缺少一定的品牌价值信息呈现。

NEW
新包装

解决问题

新包装直接将品牌信息“如水”和品类信息“坚果”放在包装的“C 位（核心位置）”，让消费者对品类信息一目了然。创意了“松鼠公爵”品牌角色，并结合品牌谚语，建立起消费者对于“如水”就是坚果贵族的品牌价值认知。

拆解新包装的关键机关

机关 1 用“品牌＋品类”命名，建立消费者的品牌认知，积累新的品牌资产

机关 2 “品牌角色”上包装，释放品牌价值

机关 3 用具有贵族文化原力的皇室菱形格纹样，打造终端陈列阵列感

机关 4 关键信息透明化，提高购买决策效率

机关 5 用底色突出生产信息，凸显产品“新鲜”优势

机关 2
机关 3
机关 1
机关 4
机关 5
如水坚果
如水坚果 坚果贵族
手剥松籽
净含量:500克
F2021/08/03
原产地：巴基斯坦

机关 1 用“品牌+品类”命名，建立消费者的品牌认知，积累新的品牌资产

将品牌名“如水”和行业属性“坚果”结合并放在包装的视觉中心位置，在消费者心中形成“如水=坚果”的品牌认知。同时，将品牌谚语放在品牌名下面，释放如水就是坚果贵族的品牌价值。

机关 2 “品牌角色”上包装，释放品牌价值

将品牌角色“松鼠公爵”与品牌名、品牌谚语结合，释放如水就是坚果贵族的品牌价值。

机关 3 用具有贵族文化原力的皇室菱形格纹样，打造终端陈列阵列感

用具有贵族文化原力的皇室红色菱形格子，加上法国国花——鸢尾花组成纹样，形成整齐的阵列感，在终端货架上更具陈列优势。

机关 4 关键信息透明化，提高购买决策效率

放大产品名称，并将“净含量”“原产地”等关键信息清晰地罗列在产品名下，提高消费者的购买决策效率。

机关 5 用底色突出生产信息，凸显产品“新鲜”优势

把消费者最关心的生产日期放在正面，并用金色来呈现，让生产信息自己说话，凸显产品的“新鲜”优势。

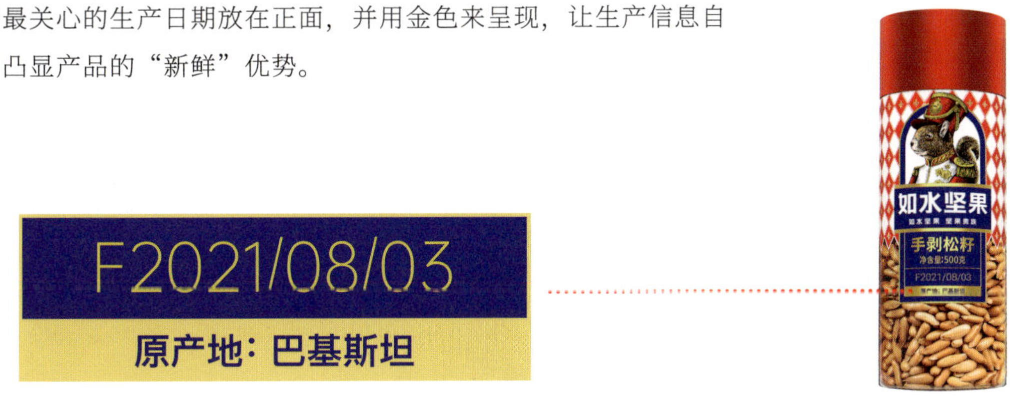

系列包装及终端陈列

如水坚果
开心果
如水坚果
紫皮腰果
原产地：越南
净含量：260克
如水坚果
琥珀核桃仁
净含量：150克
坚果贵族
如水坚果
原味南瓜籽
如水坚果
如水坚果 坚果贵族
原味腰果仁
净含量：600克
A2021/10/27
原产地：越南
如水坚果
坚果贵族

RU SHUI JIAN GUO
JIAN GUO GUI ZU
如水坚果
坚果贵族
心花怒放

包装放大购买理由
就是放大购买刺激信号

项目名	设计师	策略师
味多美	方有华	张少彬　胡涵

新旧包装对比

OLD
旧包装

发现问题

原包装的产品信息过小，且在透明袋上不易被识别。除了产品名以外，其他的产品信息不易辨别，无法通过包装打动购买者。

NEW
新包装

解决问题

新包装以加速消费者购买决策为目的，放大“无糖”的产品购买理由，并将消费者最关心的产品相关信息按层级呈现。消费者即使不拿起产品，也能快速阅读到产品信息，加快购买决策。

拆解新包装的关键机关

机关 1 放大购买理由，降低选择成本

机关 2 一句购买理由传递产品价值，激发消费欲望

机关 3 用数据为购买理由提供证据

机关 4 设置口味参考标准，加快购买决策

机关 5 用包装放大超级符号，强化品牌资产

机关 5
味多美
无糖
Sugar Free
无糖全麦吐司面包
比全麦吐司更健康的是无糖全麦吐司
每片卡路里73kcal · 每片脂肪0.42g · 糖份0
甜度：
咸度：
奶度：
味多美
现烤面包坊
微信扫一扫
新会员立享优惠
机关 1
机关 2
机关 4
机关 3

机关 1 放大购买理由，降低选择成本

将产品“无糖”“全麦”的两大核心价值放大，降低消费者的选择成本。消费者不用走到货架前，就能清晰地看到吐司面包的口味。

机关 2 一句购买理由传递产品价值，激发消费欲望

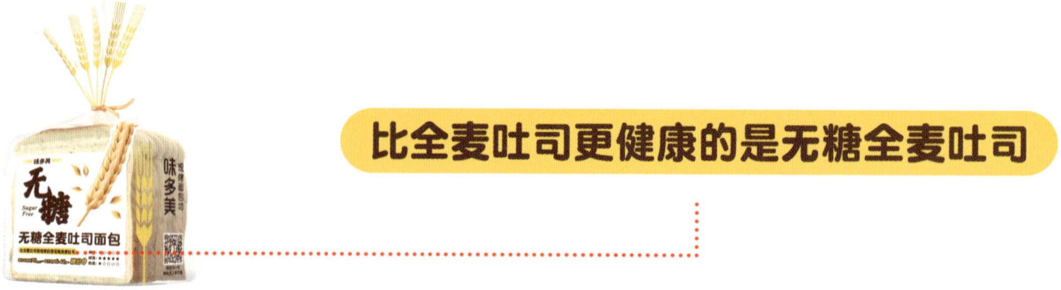

机关 3 用数据为购买理由提供证据

标明产品的卡路里、脂肪含量、糖分含量，用具体的数据为购买理由提供证据，更加具有说服力。

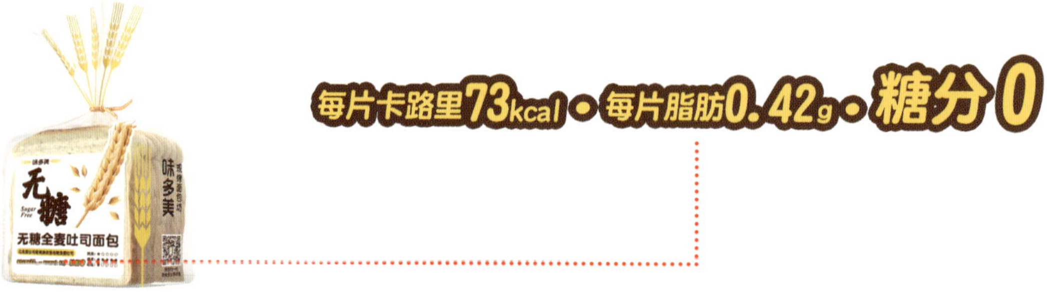

机关 4 设置口味参考标准，加快购买决策

将调研得出的消费者买吐司时常常关心的几个维度，设置成口味参考标准放到包装上，让消费者不用询问店员也能对照选择自己喜欢的口味。

甜度：★☆☆☆☆

咸度：★★★★★

奶度：★☆☆☆☆

机关 5 用包装放大超级符号，强化品牌资产

将品牌超级符号“大麦穗”放在包装提手处，再次强化品牌资产。同时，包装放在家里也可起到二次传播的作用。

系列包装及终端陈列

6片
味多美
淡奶
Evaporated Milk
淡奶吐司面包
淡淡的奶香，刚刚好
全麦
Whole-wheat Bread
健康全麦吐司面包
低卡·低脂·高纤维
牛奶
Milk Flavour
牛奶吐司面包
使用天然奶油12小时低温发酵
9片
净含量380g
健康全麦
吐司面包
无糖
Sugar Free
健康无糖
吐司面包
无糖的更健康
奶酥
奶酥
吐司面包
牛奶做的馅，奶香味十足
红豆
Red Bean
椰蓉
Shredded Coconut Stuffing
黄金椰蓉
吐司面包
选用菲律宾进口椰蓉，椰香醇厚
菠萝
Pineapple
大菠萝
吐司面包
安德鲁菠萝果馅，满满的用料
火腿
Ham
元气火腿
吐司面包

80 LAYERS CHEESE GOLDEN BRICK
80层
乳酪金砖面包
100%使用澳大利亚MG进口干酪
25元/盒
吐司家族专区
馅料区
健康区
奶香区

拆解新包装的关键机关

机关 1 放大购买理由

机关 2 放大产品图，刺激食欲

机关 3 “酥”字标，再次强化老婆饼的购买理由

机关 4 放大热卖背书

机关 5 放大产品口味

机关 6 提供吃法的贴心服务

机关 1
机关 3
机关 2
味多美
现烤面包坊
糕点
味多美老婆饼
80层酥皮酥才好吃
酥
大众点评
联名推荐
2018热卖4000+万个的网红老婆饼
味多美
机关 4

4种可选口味
FOUR FLAVOURS
经典
糯米味
Sticky rice
泰国进口
糯米粉
豆沙味
Red bean
精选东北
红小豆
紫薯味
Yam
只选当季
新鲜紫薯
新品
玫瑰味
Rose
有机云南
重瓣红玫瑰
吃味多美老婆饼正确姿势
80层酥皮，酥到掉
渣，记得用手托着
食用前微波炉加热
一分钟，味道更佳
机关 5
机关 6

机关 1 放大购买理由

“80 层酥皮，酥才好吃”和产品名放在一起，并且在包装上放大呈现，让人看见产品名时，就能看到购买理由。

机关 2 放大产品图，刺激食欲

食品的符号设计就是食欲设计，想要产品有食欲，首先要有最诱人的食物照片。通过撕开老婆饼的画面，呈现出 80 层酥皮的酥感。

机关 3 “酥”字标，再次强化老婆饼的购买理由

通过放大“酥”字标 icon，让人看到老婆饼就能想到酥，把老婆饼和酥进行强关联。

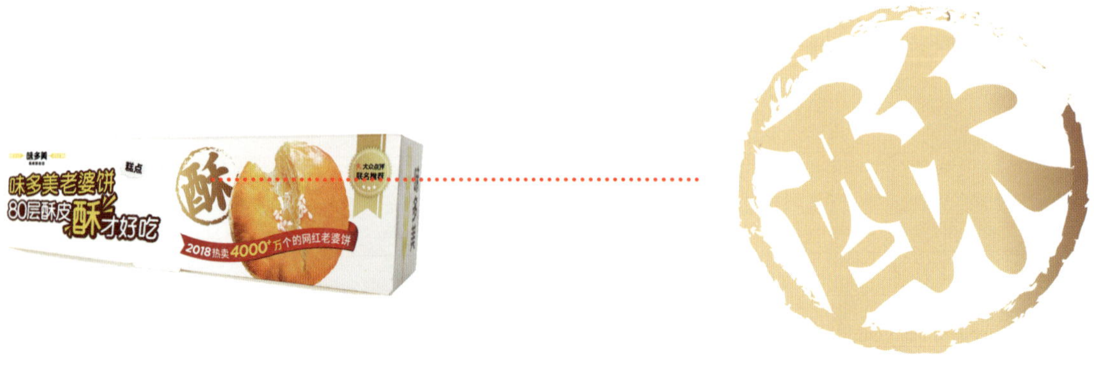

机关 4 放大热卖背书

放大“热卖 4000 +万个”的背书，引发消费者的从众心理，让其看到这个数据，就知道这款产品卖得很好，想要尝试一下。

机关 5 放大产品口味

“4 种可选口味”，每种口味都讲究。在“糯米味”和“玫瑰味”上分别增加“经典”和“新品”的 icon，引导消费者做出选择。

机关 6 提供吃法的贴心服务

增加“吃味多美老婆饼正确姿势”的温馨提示，让消费者吃到最好吃的老婆饼。

系列包装及终端陈列

味多美 老婆饼
年热卖3800万个
的网红老婆饼
80层酥皮
酥才好吃!
本店
招牌
豆沙
玫瑰
紫薯
糯米
4种可选口味
味多美
招牌老婆饼
老婆饼
¥12
味多美
招牌
老婆饼
80层酥皮 酥才
0层酥皮 酥
好吃

到店自提不排队
领红包最高享免单
推荐产品
3800万个
红老婆饼
人气NO.1
老婆饼
酥才好吃

货卖一张图
创造食欲感是关键

项目名	设计师	策略师
海底捞	程林越	陈俊 于戈 杨笑 冯金

新旧包装对比

OLD
旧包装

发现问题

原包装虽然使用了实拍图，但图片拍摄采用前中后的取景方式，使用汤底的局部图作为背景，筷子夹着小片牛肉作为元素合成在汤底上，汤底与包装底色采用虚化过渡，连成一体，形成反光，使汤色、汤底口味不明显，同时未能创造出食欲感。而且前中后的取景方式使视觉层次多，整体画面主体不够突出，使消费者的视觉无法聚焦关键的信息。

NEW
新包装

此款包装为 2020 年包装

解决问题

将新鲜的食材与烹饪中沸腾的底料相结合，利用产品使用场景的实拍图刺激消费者的食欲，促进购买。通过重新规划版式和颜色，让信息有层级，降低消费者的阅读成本，加快购买决策。

拆解新包装的关键机关

机关 1 货卖一张图，刺激食欲

机关 2 颜色第一——红配黑，宽度比 1∶2

机关 3 掌握关键品牌标志放大技术

机关 4 产品信息巧排版，通过字号、颜色、粗细、疏密，形成清晰的产品信息层级和顺畅的阅读体验

机关 5 正面两大信息包，提供信息服务，引爆信息炸药，加快购买决策

机关 6 插图讲解使用步骤，提高使用便利度

机关 7 信息透明化，展示原料成分，让消费者放心购买

机关 6
机关 2
机关 4
机关 7
2101
食用方法
2步做火锅
就用这一包 做地道川菜
本品亦可用于冒菜、毛血旺等川菜的烹制。
海底捞
颐海国际
01579.HK
麻辣
清油
火锅底料
猛火炒3道 好吃不油腻
严选全程发酵超270天豆瓣酱
3~5人份
净含量:220克
颐海国际出品
图片仅供参考
3大严选原料，地道川味火锅
图片仅供参考
颐海国际控股有限公司出品
400-6696-036
www.yihchina.com
检验合格
6 942032 700029
机关 3
机关 5
机关 1

机关 1 货卖一张图，刺激食欲

- **食品包装图片拍摄基本原则：食欲，食欲，还是食欲！**

① 场景越真，越有食欲：拍摄带有炊具——黑色砂锅；锅内有内容——沸腾的清油汤底中煮大份牛肉；还原煮火锅的场景，引发消费者的联想，唤起他们对吃火锅场景的记忆，更加直观地刺激其食欲。

② 角度越真，越有食欲：借鉴餐饮菜单图片拍摄的方法，角度采用 45°向下俯拍，还原人坐在桌前看到菜品的角度，进一步还原煮火锅场景。

③汤底拍摄冒细泡，热闹放大食欲感。

- **版面规划有讲究：** 放大产品图至包装正面版式的 50%，在货架上更加突出。

机关 2 颜色第一——红配黑，宽度比 1∶2

参考日本调味料包装设计，采用包装左侧拉红条的设计形式。红色条约占包装正面 1/3 的版面，形成品牌信息区与产品信息区。产品信息区使用黑色作为底色，便于突出产品文字信息与图片信息，红黑配色形成强烈视觉对比，形成海底捞包装版式。以此建立海底捞火锅调味料品牌的新资产，不论是单包陈列还是集中陈列，都能形成显著的货架优势，便于消费者快速识别。

机关 3 掌握关键品牌标志放大技术

在保证产品图片左右撑满，占据整体包装 50% 视觉面积的前提下，将海底捞品牌标志置于红色品牌区内，居中对齐，上下拉满，最大限度地放大品牌标志。

机关 4 产品信息巧排版，通过字号、颜色、粗细、疏密，形成清晰的产品信息层级和顺畅的阅读体验

首先，在版面面积有限的条件下，将产品名放到最大，便于消费者一眼就能识别和选择。其次，将购买理由放在第二阅读层级，刺激购买，同时突出食材本身工艺信息，刺激购买动作的发生。整体产品信息通过字体、颜色、版式的设计，使得信息层级和阅读逻辑更加清晰、明了。

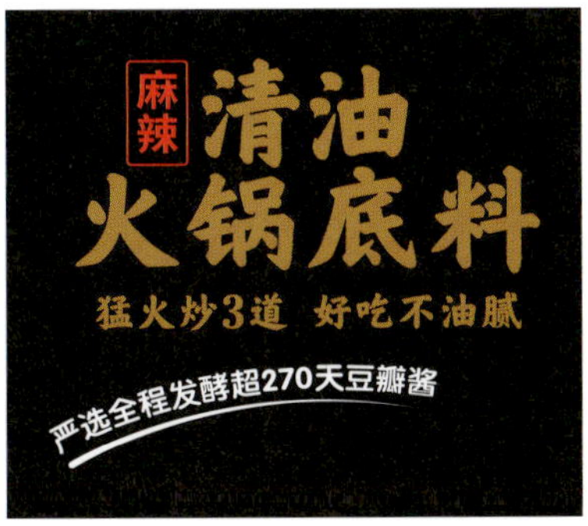

机关 5 正面两大信息包，提供信息服务，引爆信息炸药，加快购买决策

信息包 1：“清真”字样 icon。

信息包 2：净含量的标志，不仅标明克重“220 克”，还标明使用人数“3～5 人份”。设计形式采用黑底黄字加以突出。

这两个信息包提供了关键性决策依据，加速消费者的购买决策。

机关 6 插图讲解使用步骤，提高使用便利度

采用插图的形式详细讲解使用步骤，在实际操作上为消费者提供便利。

机关 7 信息透明化，展示原料成分，让消费者放心购买

包装背面补充展示该产品的三大严选原料信息，以此让消费者对产品更放心，同时突显产品价值。

系列包装及终端陈列

颐海国际
01579.HK
海底捞
酸香
番茄
火锅底料
鲜美番茄汤，一定要喝汤
日晒充足的新疆红熟番茄制酱炒制
3~5人份
净含量：200克
颐海国际出品
图片仅供参考
麻辣
清油
火锅底料
猛火炒3道 好吃不油腻
严选全程发酵超270天豆瓣酱
净含量：220克

筷手小厨

颐海国际是海底捞集团的核心火锅底料供应商，“筷手小厨”则是颐海国际新孵化的中式复合调味料品牌。“筷手小厨”的包装设计承袭了海底捞调味料的品牌资产——红黑版式。这样既能在货架上形成货架优势——红黑军团，也能实现赋能“筷手小厨”的目的。

海底捞旧包装

筷手小厨系列包装

海底捞新包装

筷手小厨包装

颐海国际
01579.HK
小龙虾
调味料
三斤龙虾一包料
筷手小厨
筷手小厨 龙虾节
3斤龙虾一包料
在家就能烧龙虾

海底捞 | 筷手小厨
龙虾节
·3斤龙虾1包料·
小龙虾
调味料
海底捞 | 筷手小厨
海底捞 | 筷手小厨

海底捞
筷手小厨
龙虾节
·3斤龙虾1包料·
小龙虾调味料
海底捞
筷手小厨
小龙虾调味料
·3斤龙虾1包料·
8种口味 1次选对

用品牌纹样建立同品牌不同产品的统一识别性

项目名
立高

设计师
徐前程　赵春媚

策略师
贺绩　杨鹏宏　冯雨　任秀杰

新旧包装对比

OLD
旧包装

发现问题

立高的产品包装，与其旗下奥昆、美煌的产品包装风格各异，没有形成统一的品牌辨识度，无法表现三家公司之间的关联以及该集团的综合实力。

NEW
新包装

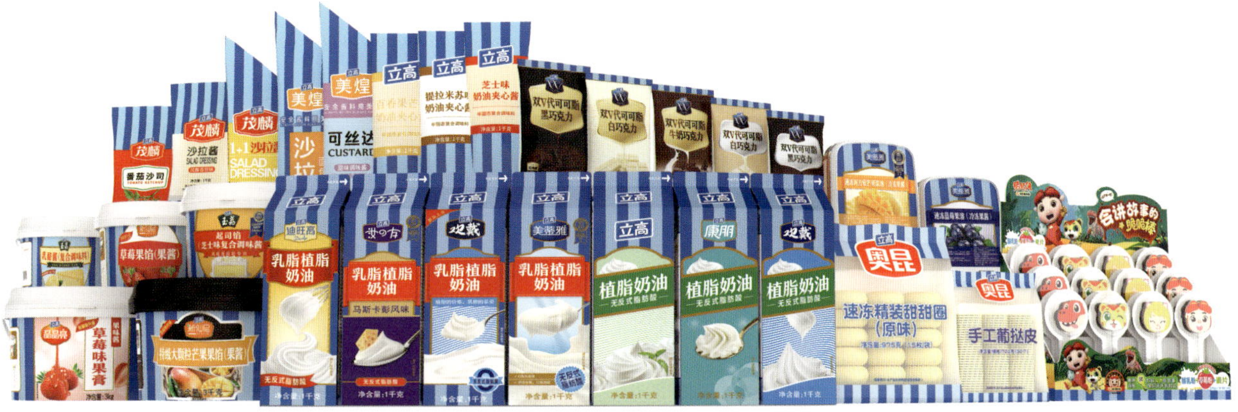

解决问题

新包装版式用蓝色条纹统一品牌区，并用其统一三家公司产品的包装设计风格，通过“蓝条纹”来突出立高食品干净的品质，通过“条纹”重复的阵列形式来创造视觉上的强制性，以此为立高各类别的产品建立起统一的品牌识别性。

拆解新包装的关键机关

机关 1 升级品牌标志，保留品牌资产

机关 2 用色彩突显产品品质

机关 3 用蓝条纹建立视觉优势

机关 4 用价值背书强化购买理由

机关 5 用色块区分不同产品品类

机关 6 使用产品应用场景图片，降低阅读成本

机关 1
机关 2
机关 3
机关 4
机关 5
机关 6
由此开启
立高
立高
美蒂雅
2019
SUPERIOR
TASTE
AWARD
乳脂植脂
奶油
✓ 0添加香精
✓ 奶香浓郁，口感细腻
无反式
脂肪酸
净含量:1千克
图片仅供参考

机关 1 升级品牌标志，保留品牌资产

原有的“立高斜标和双蓝色”品牌标志在烘焙店和经销商中具有极高的品牌辨识度，已经成为立高的品牌资产。在新品牌标志的设计中，保留了其记忆度，仅删掉了英文。其字体的设计，在原有圆形字体的基础上，将“立”“高”两个字的起笔做出“奶油”的特征效果，带有食欲感。

立高 Lego®

立高

机关 2 用色彩突显产品品质

蓝色是新鲜和干净的象征，使用蓝色既可以突出立高食品的品质，也可以建立起品牌的色彩标签。

机关 3 用蓝条纹建立视觉优势

条纹是一种带有魔力的图案，它的规律性和指向性有很强的视觉控制作用。竖向条纹，不仅能够丰富视觉的层次感，更有助于在视觉上对空间进行拉大，给予空间的膨胀视觉冲击。

机关 4 用价值背书强化购买理由

突出产品的价值优势，获得消费者对产品的信赖感，强化购买理由。

机关 5 用色块区分不同产品品类

用不同的颜色代表不同的品种，并突出放大品类名，方便烘焙师使用时快速识别。

机关 6 使用产品应用场景图片，降低阅读成本

该产品是什么，以及应用产品的成果物是什么，用图片为消费者解除疑惑。

系列包装及终端陈列

立高
茂麟
番茄沙司
TOMATO KETCHUP
沙拉酱
SALAD DRESSING
茂麟香甜味
1+1沙拉酱
SALAD DRESSING
美煌
安全酱料用美
ALWAYS MAYON ALWAYS
可丝达
CUSTARD
甜味调味酱
百香果芒
奶油夹心
半固态复合调味料
净含量:1千克
提拉米苏味
奶油夹心酱
半固态复合调味料
芝士味
奶油夹心酱
半固态复合调味料
双V代可可脂
黑巧克力
玉葛
乳酪酱(复合调味料)
新仙尼
草莓果馅(果酱)
起司馅
(芝士味复合调味酱
风味蛋糕胚专用
迪旺高
乳脂植脂
奶油
无反式脂肪酸
净含量:1千克
沙の方
马斯卡彭风味
新品上市
观戴
植脂的价格，乳脂的享受
美蕾雅
晶晶亮
包装新升级
果味酱
草莓味果膏
净含量:3kg
特级大颗粒芒果果馅(果酱)
净含量:3千克

包装新升级
立高
美蒂雅
乳脂植脂奶油
图案仅供参考
0添加香精
奶香浓郁，口感细腻
无反式脂肪酸
净含量:1千克
双V代可可脂牛奶巧克力
双V代可可脂白巧克力
康朋
植脂奶
无反式脂肪
净含量:1千克
净含量:1千克
会讲故事的脆脆棒
酸乳粉+草莓粉+麦片

包装就是广告位

放大展示面就是放大信号

项目名
川南

设计师
徐旭东　梁洪滨

策略师
倪珺芳　周云凤

新旧包装对比

OLD
旧包装

发现问题

通过终端走访发现，川南瓶装下饭菜的瓶签小于货架上其他品牌信息，产品名称偏小，瓶身缺乏广告位，无法放大产品信息，在货架上不具有陈列优势。

NEW
新包装

解决问题

瓶身就是广告位，1 个包装“机关算尽”。通过调整瓶身设计，增加川南瓶装下饭菜产品瓶贴的面积，以此放大产品名称及产品信息广告位，从而获得更大的陈列面积，在放大刺激信号的同时，也建立起在终端货架上的陈列优势。

拆解新包装的关键机关

机关 1 增加瓶贴面积，扩大产品广告位

机关 2 使用超级符号——编织纹，建立品牌的识别性

机关 3 居中设计，突出品牌名

机关 4 增加使用核心场景，提供购买指南

机关 5 用数据图表化设计呈现原料含量，让消费者对产品内容物一目了然

机关 6 产品工艺说明，强化购买理由

机关 7 以“中国发明专利”突出品牌的权威性

机关 8 品牌谚语上瓶盖，充分利用每一个广告位

机关 9 瓶签上下留出可视空间，让消费者看到内容实物及装量

机关 8

机关 2

机关 4

机关 9

机关 1

机关 6

52 mm×190 mm

机关 5

机关 3

机关 7

机关 1 增加瓶贴面积，扩大产品广告位

将原包装瓶贴大小的 33.5 mm×188 mm 改为 52 mm×190 mm，面积增大 57%，也提高了产品在货架上被发现的概率。

机关 2 使用超级符号——编织纹，建立品牌的识别性

使用红黄相间的格子符号，这种几何的、重复的、同一性的方格纹具有视觉强制性，易吸引眼球；增加纹理细节使红黄格纹更像编织纹，利用编织的文化原力突出品牌符号独特性。

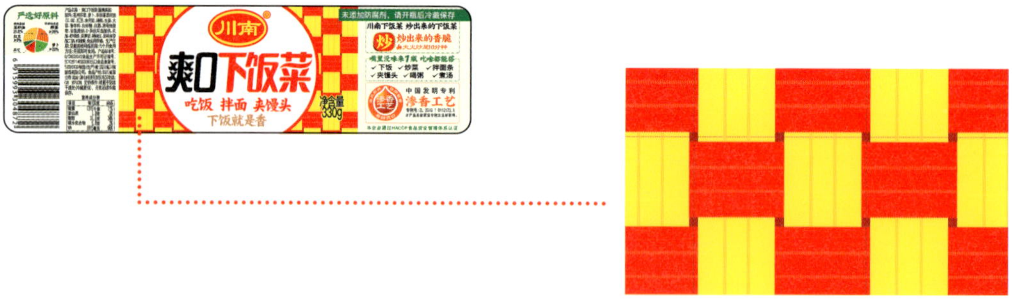

机关 3 居中设计，突出品牌名

把“川南”的品牌名置于包装上端的中心位置，优先突出品牌信息。

机关 4 增加使用核心场景，提供购买指南

将该产品的使用场景——“吃饭”“拌面”“夹馒头”的信息放在包装的正面位置，给出消费指南，并以“下饭就是香”刺激消费者的购买欲望。

机关 5 用数据图表化设计呈现原料含量，让消费者对产品内容物一目了然

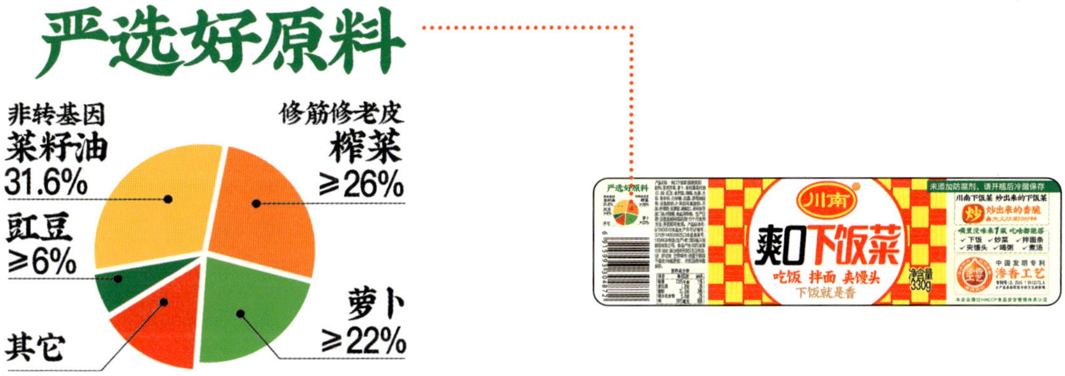

机关 6 产品工艺说明，强化购买理由

对该产品“香脆”的卖点及“炒出来的”工艺价值信息进行说明，强化购买理由。

机关 7 以“中国发明专利”突出品牌的权威性

将“渗香工艺”技术的专利信息透明化，以其权威性赢得消费者的信赖。

机关 8 品牌谚语上瓶盖，充分利用每一个广告位

在瓶盖增加“川南下饭菜，下饭就是香”的品牌谚语设计，重复传播品牌谚语，积累品牌资产。

川南下饭菜 下饭就是香

机关 9 瓶签上下留出可视空间，让消费者看到内容实物及装量

系列包装及终端陈列

川南
爽口下饭菜
吃饭 拌面 夹馒头
炒出来的
TANTAN XIANG
精制小米椒
川南爽口下饭菜 330g/瓶
13.90
6.90

泡菜
特价商品
PROMOTION
开味榨菜
鲜榨菜片
10.60
13.90
6.90
11.90

用版式规划信息层级

项目名
湘村黑猪

设计师
徐超　刘伟　吴曼婷

策略师
夏鸣阳　马江龙　何炫颖

插画师
方政　马庆栋

新旧包装对比

OLD
旧包装

发现问题

原包装腰封的设计，没有阅读次序，信息层级混乱，品牌名与品牌角色分散排布，黑底泛白的配色无法使消费者快速阅读文字信息。整个包装无法使消费者一眼看到有效信息，增加了购买时的选择成本。

NEW

新包装

解决问题

用包装版式规划出清晰的信息层级：将品牌角色与品牌名有效结合并将其放大置于品牌区，使消费者最先看到这一层级信息；设计了“清水一煮就很香”的购买理由并将之置于阅读的第二层级；使用金色小字设计了“孕妇孩子放心吃”以及“供港黑猪”徽章等第三层级信息，促使消费者快速做出购买决策。

拆解新包装的关键机关

机关 1 放大突出品牌名和品牌角色，打造货架陈列优势

机关 2 突出购买理由

机关 3 突出产品价值，加速消费者的购买决策

机关 4 添加“供港黑猪”获奖徽章，增强产品信赖感

机关 5 “推荐菜式”标签贴，带入使用场景，加速消费者的购买决策

机关 6 腰封侧面——用照片实拍图，再次增强信赖感

机关 7 腰封侧面——以使用场景实拍图，刺激食欲

清水一煮就很香
湘村黑猪
清水一煮就很香
孕妇孩子放心吃
拒绝抗生素
拒绝瘦肉精
拒绝激素
供港黑猪
优良品种
热烈祝贺"湘村黑猪"通过供港活猪严苛的标准
连续5年成为"供港黑猪"
储藏条件：在0-4℃下，保质期5天
产地：上海嘉定区
生产商：湘村高科农业股份有限公司
分割商：上海湘村食品销售有限公司
食用方法：炒、烧、煮和其他菜肴搭配均可
服务热线：
400-820-0585
推荐菜式
红烧肉
回锅肉
小炒肉
机关 1
机关 2
机关 3
机关 4
机关 5
机关 6
机关 7

机关 1 放大突出品牌名和品牌角色，打造货架陈列优势

将品牌角色进行了全新的升级，并把品牌角色与品牌名组合设计。重新规划品牌区域，将品牌名和品牌角色放大至腰封正面的一半左右，让消费者快速识别，且在货架上能够获得陈列优势。

机关 2 突出购买理由

用红底白字和放大字体的设计，在视觉上强化“清水一煮就很香”的购买理由。

机关 3 突出产品价值，加速消费者的购买决策

机关4 添加“供港黑猪”获奖徽章，增强产品信赖感

徽章的添加，会使消费者增强对该产品品质的信赖感。

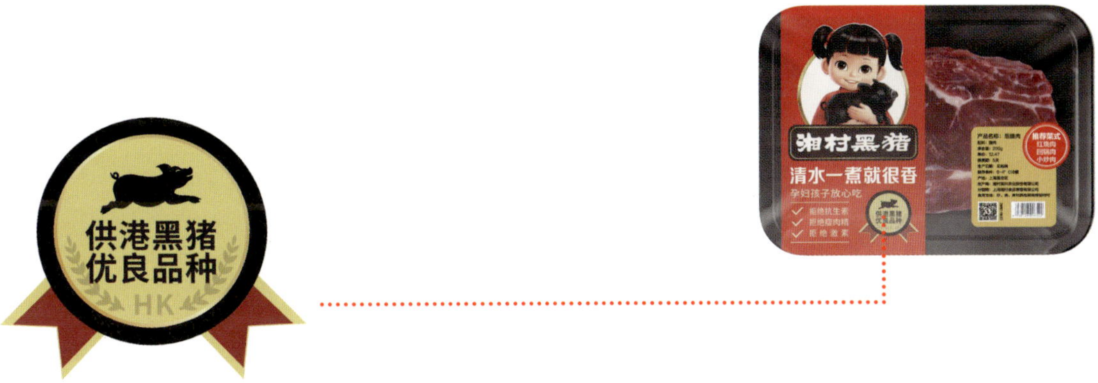

机关5 “推荐菜式”标签贴，带入使用场景，加速消费者的购买决策

“推荐菜式”标签贴，在提供信息的同时，瞬间将消费者带入真实的食材使用场景，更能加快其购买决策。

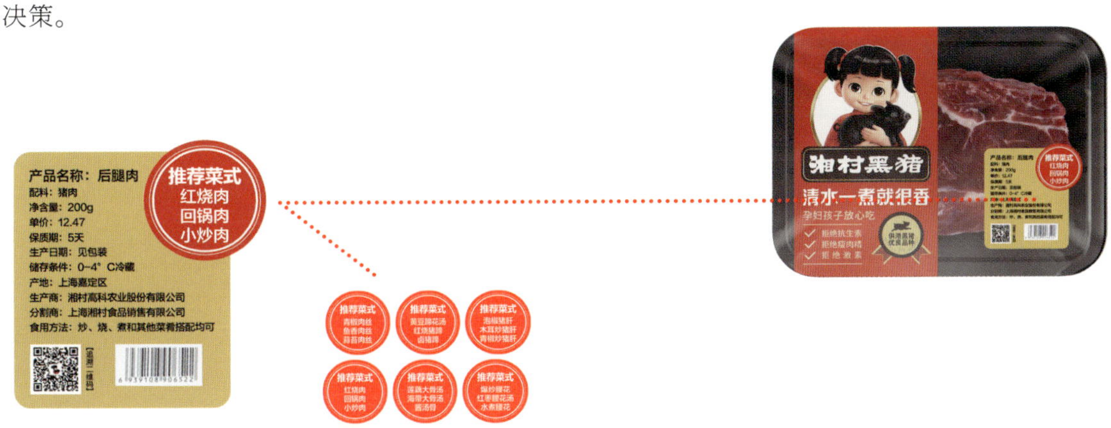

机关6 腰封侧面——用照片实拍图，再次增强信赖感

以真实的照片，作为“供港黑猪”获奖徽章的证明，再次增强消费者对品牌的信赖感。

机关 7 腰封侧面——以使用场景实拍图，刺激食欲

拍摄产品真实应用场景，强化“清水一煮就很香”的购买理由，刺激消费者的食欲，加快购买决策。

系列包装及终端陈列

湘村黑猪
清水一煮就很香
孕妇孩子放心吃
拒绝抗生素
拒绝瘦肉精
拒绝激素
供港黑猪
优良品种
推荐菜式
红烧肉
回锅肉
小炒肉
产品名称：后腿肉
配料：猪肉
净含量：200g
单价：12.47
保质期：5天
生产日期：见包装
储存条件：0~4° C冷藏
产地：上海嘉定区
生产商：湘村高科农业股份有限公司
分割商：上海湘村食品销售有限公司
食用方法：炒、烧、煮和其他菜肴搭配均可

湘村黑猪
清水一煮就很香
孕妇孩子放心吃
拒绝抗生素
拒绝瘦肉精
拒绝激素
供港黑猪
优良品种
推荐菜式
红烧肉
回锅肉
小炒肉

冷冻柜里卖产品
放大产品信息是关键

项目名
海欣食品

设计师
陈伟恩 彭文明 马永丰 杨婷婷

策略师
冯雨 孙艳艳 孙亦凡 马楠

新旧包装对比

OLD
旧包装

发现问题

原包装的产品信息过于集中，且不论文字信息还是图片呈现都不突出，主要的卖点信息占据总包装的面积比例较小。这对在冰柜中陈列的食品来说，消费者不论是拿起来看还是透过冰柜玻璃仔细看，都是一大障碍。

NEW
新包装

解决问题

通过放大产品名和产品食用图等卖点信息，解决了产品陈列于冰柜时消费者难以辨认品类、选择成本上升的问题，让消费者一眼就能识别产品并快速做出购买决策。

拆解新包装的关键机关

机关 1 以蓝白条纹统一品牌所有品类的产品包装风格

机关 2 强化品牌价值感

机关 3 用颜色的对比设计，突出产品名

机关 4 标明克重，信息透明化

机关 5 放大产品细节，刺激食欲

机关 6 强化购买理由

机关 7 以真实的照片来佐证海欣“百年鱼丸世家”的可信度

机关 7
机关 1
机关 2
机关 4
海欣 百年鱼丸世家
百年鱼丸世家 滕氏用心坚守
始于 1903 年，滕氏曾祖父创立，核心手艺已传承了四代人。凭借特色响铃鱼丸，海欣成为了福州鱼丸的代表之一。如今，海欣坚持百年不变的匠心精神，严选优质食材入料，致力于开发天然健康的海洋美食，丰富亿万国人的餐桌。
营养成分表
项目 每100克（g） NRV%
能量 958千焦（kJ） 11%
蛋白质 8.1克（g） 14%
脂肪 14.6克（g） 24%
碳水化合物 16.5克（g） 6%
钠 966毫克（mg） 48%
海欣 百年鱼丸世家 ™
福州鱼丸
净含量:320g
速冻生制品
肉糜类制品
传世好手艺
地道鱼丸香
股票代码：002702
（图片仅供参考）
食品名称：福州鱼丸
类别：肉糜类制品、速冻生制品
本产品所使用的食品添加剂均符合国标 GB2760 的规定
配料表：鱼糜（鱼肉、白砂糖、三聚磷酸钠、六偏磷酸钠）、乙酰化双淀粉己二酸酯、醋酸酯淀粉、水、冰蛋白、猪肉、大豆蛋白、鸡肉、酿造酱油、鱼露、鸭肉、小葱、香辛料、食用盐、白砂糖、味精、呈味核苷酸二钠、复配水分保持剂（三聚磷酸钠、焦磷酸钠、六偏磷酸钠）、食用香精香料
主原料含量：鱼糜≥30%
食用方法：无需解冻，将本产品放入沸水中，经过 5-10 分钟，煮熟后即可食用
产品标准代号：SB/T10379
贮存条件：-18°C以下
保质期：十二个月
生产日期：见封口处日期标示
公司名称：海欣食品股份有限公司
公司地址：福州市仓山区建新镇建新北路 150 号 1# 楼
电话：0591-83059267
传真：0591-83749998
邮编：350008
网址：www.haixinfoods.com
海欣食品全国统一服务热线：400 991 7181
致敏物质 / 友情提示：本产品原料含有鱼类、大豆、蛋类及其制品，生产此类食品的生产线及配套设施也处理含有麸质的谷类、甲壳纲类动物及其制品
海欣食品股份有限公司 授权制造单位：（具体生产地址以生产日期旁的字母标识为准）
海欣食品股份有限公司福州金山分厂（代码 :A）
地址：福州市仓山区建新镇建新北路 150 号
食品生产许可证编号：SC11135010400587
邮编：350008
电话：0591-83059267
传真：0591-83749998
产地：福建 · 福州
东山腾新食品有限公司(代码 :B)
地址：东山县西埔镇英雄路 1 号
食品生产许可证编号：SC12235062600476
邮编：363400
电话：0596-6069815
传真：0596-6069813
产地：福建 · 漳州
冷冻食品
请置于冰箱冻室
机关 6
机关 3
机关 5

机关 1 以蓝白条纹统一品牌所有品类的产品包装风格

海欣食品具有不同品类的产品，以蓝白条纹来统一包装风格，不仅能打造海欣品牌的视觉记忆点，还能获得陈列优势。

机关 2 强化品牌价值感

将海欣品牌名连接“百年鱼丸世家”，可突出该品牌的年代优势和值得信赖的价值感。

机关 3 用颜色的对比设计，突出产品名

红底白字，红与白的鲜明对比，能更加突出产品名；黑色描边的设计也增加了立体感，并使得文字看起来有层次感。

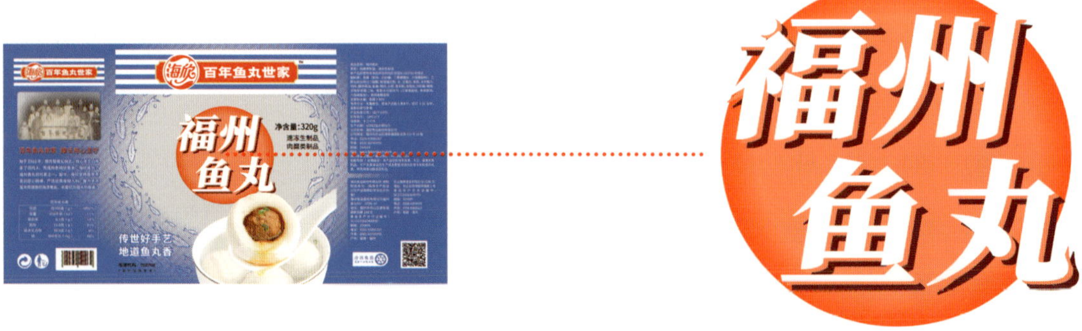

机关 4 标明克重，信息透明化

将消费者最关注的克重信息置于右上方的最优阅读位置，降低消费者的选择成本。

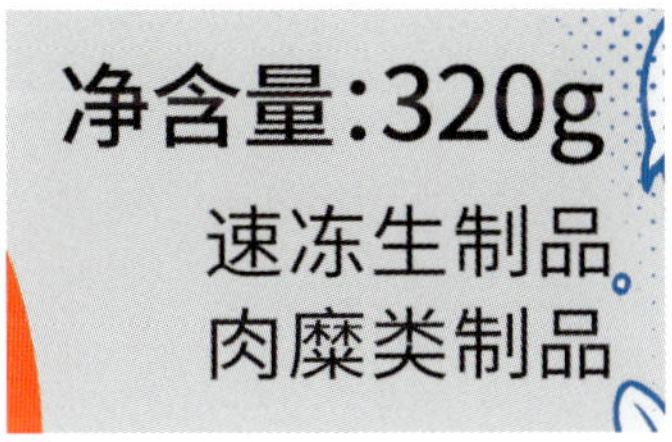

机关 5 放大产品细节，刺激食欲

货卖一张图，以富有食欲感的图片来刺激消费者的味蕾，引发购买行为。

机关 6 强化购买理由

用“传世好手艺，地道鱼丸香”来突出海欣食品的味道品质，起到强化购买理由的作用。

机关 7 以真实的照片来佐证海欣“百年鱼丸世家”的可信度

照片与文字的补充说明，都是对“百年鱼丸世家”的一种印证，用来打消消费者的疑虑。

系列包装及终端陈列

海欣
脆嫩
香菇贡丸
大颗香菇粒 肉香不肥腻
净含量：250g
海欣
百年鱼丸世家
墨鱼风味鱼丸
嚼劲十足 满口鱼香
真好吃！
优选野生海洋鱼
海欣
百年鱼丸世家
爆汁
包心鳕鱼丸
皮薄馅更大 肉足鱼更香
真好吃！
优选野生海洋鱼肉
净含量：260g

在家煲汤煮面
常备海欣鱼丸
煲汤
煮面
新装
上市
龙虾球
海欣
百年鱼丸世家
海欣
海欣

海欣 百年鱼丸世家
鲜
鲜
在家煲汤煮面
常备海欣鱼丸
在家煲汤煮面
常备海欣鱼丸
优鲜系列新装上市
鱼丸世家
优鲜系列
限时特惠
原价：17.8元
现价：8.8元
活动时间：2020/03/12--/04/29
海欣

海欣
百年鱼丸世家
鲜
双层包装
加倍保鲜
鲜
海欣坚持
在家煲汤煮面
常备海欣鱼丸
优鲜系列新装上市
百年鱼丸世家
龙虾球
海胆宝

牛筋丸
牛肉丸
龙虾球
墨鱼风味鱼丸
包心鳕鱼丸
海胆宝
鱼豆腐
鱼极

百年鱼丸世家
牛筋丸
包心鳕鱼丸
海胆宝
牛肉丸
龙虾球
鱼豆腐
墨鱼风味鱼丸
海欣
百年鱼丸世家

产品信息印上瓶身
让消费者“知情”做决策

项目名	设计师	策略师
爱的是酒	张懿 张达	孙艳峰 刘泽国

新包装

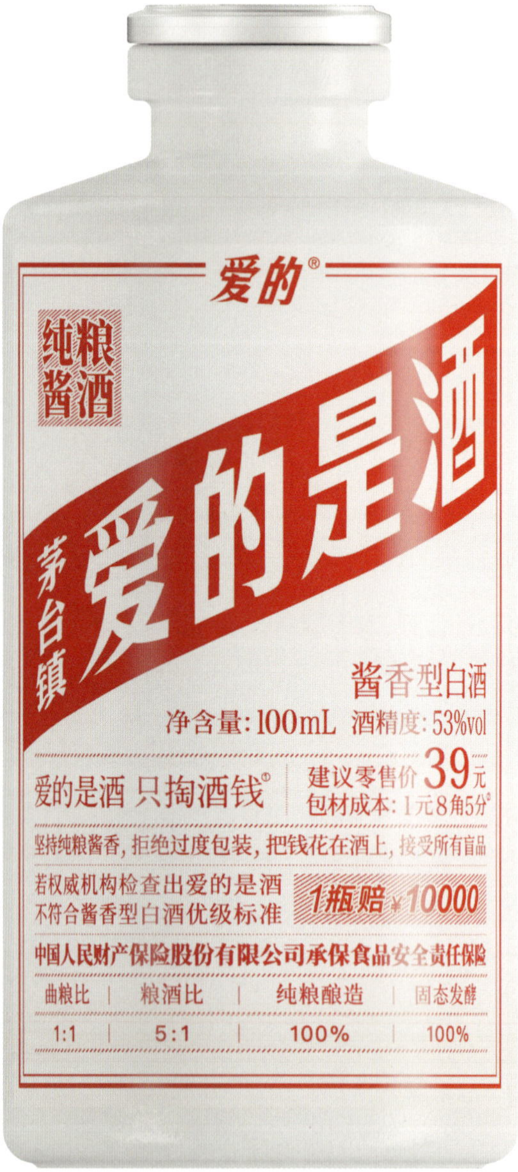

设计思路

“爱的是酒”老板开发该产品的初心是，把所有的成本都用在“酒”本身，简化包装，不投大广告。致力于在茅台镇核心产区酿制讲究上下功夫，从原料、工艺上压倒性投入做一瓶好酒。不让消费者为包装、广告、编撰的故事买单，只关心酒好不好，爱的是酒，只为酒掏钱。所以这一款包装最核心的目的是控制包装成本，利用信息对称原则，突出酒本身的价值。

爱的®
纯粮酱酒
茅台镇
爱的是酒
酱香型白酒
净含量:315mL 酒精度:53%vol
爱的是酒 只掏酒钱①
建议零售价99元
包材成本:2元6角7分②
坚持纯粮酱香,拒绝过度包装,把钱花在酒上,接受所有盲品
若权威机构检查出爱的是酒
不符合酱香型白酒优级标准
1瓶赔¥10000
中国人民财产保险股份有限公司承保食品安全责任保险
曲粮比 | 粮酒比 | 纯粮酿造 | 固态发酵
1:1 | 5:1 | 100% | 100%

拆解新包装的关键机关

机关 1 瓶形和斜条的设计嫁接茅台文化原型

机关 2 价格成本信息透明化，印证“只掏酒钱”的购买理由

机关 3 将酒的工艺透明化，增加消费知识，加快购买决策

机关 4 品牌谚语上包装，促进购买发生

机关 5 指明产品品类，便于消费者购买时选择

机关 6 将承诺打上包装，提高承诺的可信度

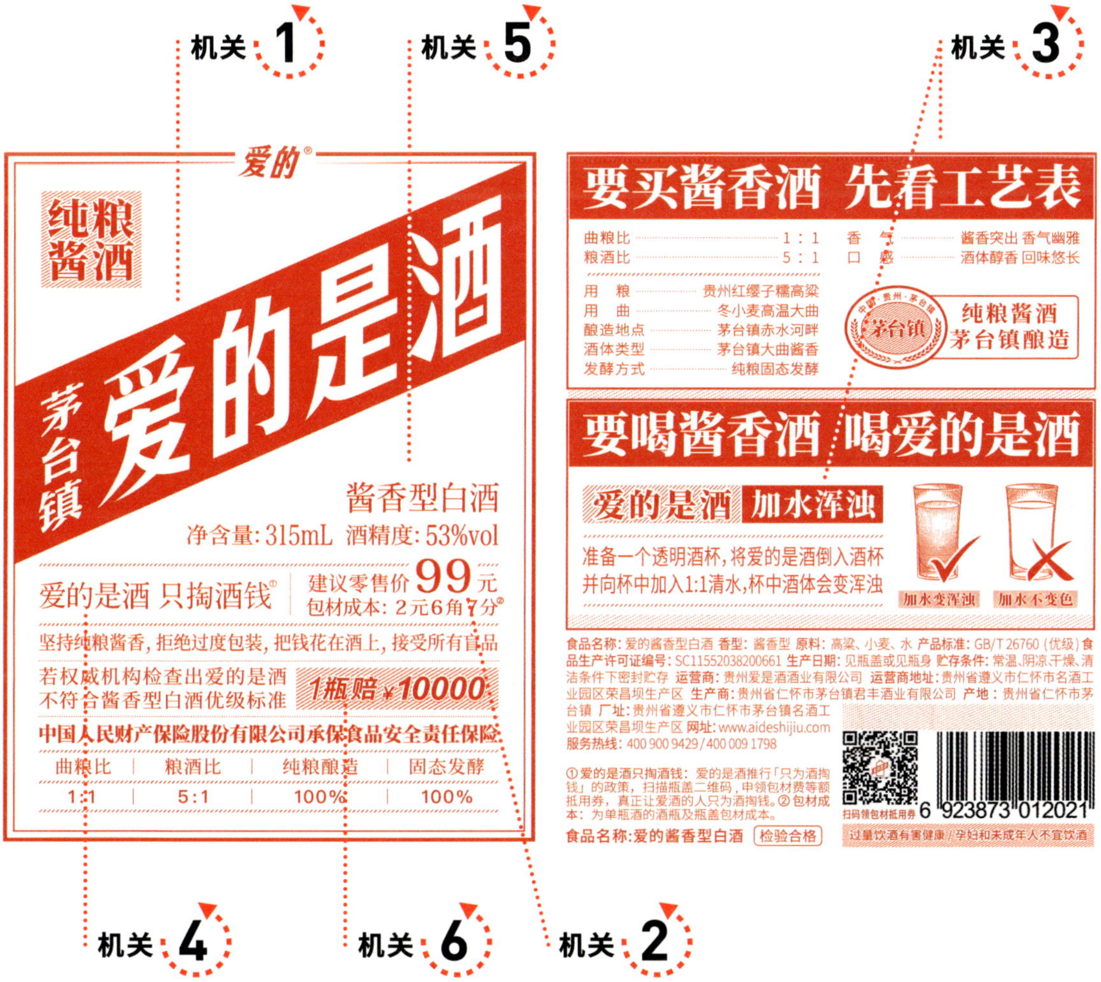
机关 1
机关 5
机关 3
爱的®
纯粮酱酒
茅台镇
爱的是酒
酱香型白酒
净含量:315mL 酒精度:53%vol
爱的是酒 只掏酒钱①
建议零售价 99元
包材成本:2元6角7分②
坚持纯粮酱香,拒绝过度包装,把钱花在酒上,接受所有官品
若权威机构检查出爱的是酒不符合酱香型白酒优级标准
1瓶赔 ¥10000
中国人民财产保险股份有限公司承保食品安全责任保险
曲粮比 | 粮酒比 | 纯粮酿造 | 固态发酵
1:1 | 5:1 | 100% | 100%
要买酱香酒 先看工艺表
曲粮比 1:1
粮酒比 5:1
香气 酱香突出 香气幽雅
口感 酒体醇香 回味悠长
用粮 贵州红缨子糯高粱
用曲 冬小麦高温大曲
酿造地点 茅台镇赤水河畔
酒体类型 茅台镇大曲酱香
发酵方式 纯粮固态发酵
茅台镇
纯粮酱酒
茅台镇酿造
要喝酱香酒 喝爱的是酒
爱的是酒 加水浑浊
准备一个透明酒杯,将爱的是酒倒入酒杯并向杯中加入1:1清水,杯中酒体会变浑浊
加水变浑浊
加水不变色
食品名称:爱的酱香型白酒 香型:酱香型 原料:高粱、小麦、水 产品标准:GB/T 26760(优级)食品生产许可证编号:SC11552038200661 生产日期:见瓶盖或见瓶身 贮存条件:常温、阴凉、干燥、清洁条件下密封贮存 运营商:贵州爱是酒酒业有限公司 运营商地址:贵州省遵义市仁怀市名酒工业园区荣昌坝生产区 生产商:贵州省仁怀市茅台镇君丰酒业有限公司 产地:贵州省仁怀市茅台镇 厂址:贵州省遵义市仁怀市茅台镇名酒工业园区荣昌坝生产区 网址:www.aideshijiu.com
服务热线:400 900 9429/400 009 1798
①爱的是酒只掏酒钱:爱的是酒推行「只为酒掏钱」的政策,扫描瓶盖二维码,申领包材费等额抵用券,真正让爱酒的人只为酒掏钱。②包材成本:为单瓶酒的酒瓶及瓶盖包材成本。
扫码领包材抵用券
6 923873 012021
食品名称:爱的酱香型白酒 检验合格
过量饮酒有害健康/孕妇和未成年人不宜饮酒
机关 4
机关 6
机关 2

机关 1 瓶形和斜条的设计嫁接茅台文化原型

茅台酒在中国历史悠久，是酱香型白酒的鼻祖。“爱的是酒”的瓶形和斜条的设计嫁接了茅台包装设计的文化原型，就是嫁接了这个文化所代表的财富，能获得一定的市场优势。

机关 2 价格成本信息透明化，印证“只掏酒钱”的购买理由

将零售价、包材成本等信息直接呈现在包装的正面，做到价格成本信息透明化，更加印证了这款酒“只掏酒钱”的购买理由。

机关 3 将酒的工艺透明化，增加消费知识，加快购买决策

营销的两种价值观，一种是利用信息对称，另一种是利用信息不对称。本款包装利用信息对称，将酒的工艺公开透明，让消费者增加消费知识，在信息对称的情况下做出购买决策。

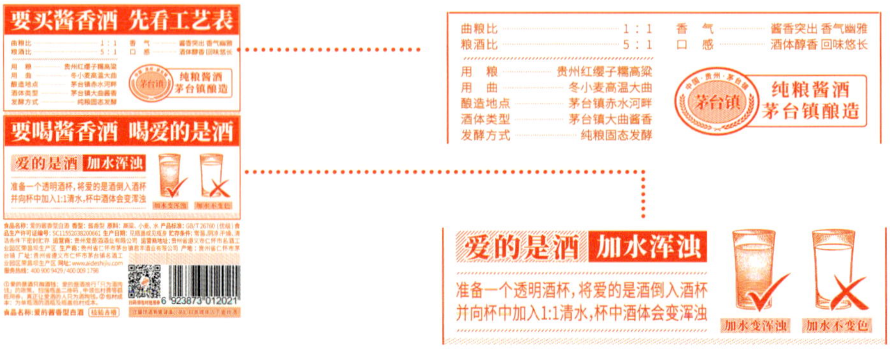

机关 4 品牌谚语上包装，促进购买发生

品牌谚语上包装，告诉消费者“爱的是酒”，喝的是酒，那就“只掏酒钱”。明确购买理由，促进消费者购买行为的发生。

机关 5 指明产品品类，便于消费者购买时选择

机关 6 将承诺打上包装，提高承诺的可信度

在白酒行业，因为酒精的勾兑、奢华的包装，消费群体中隐藏着不满的情绪。“爱的是酒”敢于将承诺打在包装上，加大承诺的力度，让消费者更信任。

系列包装及终端陈列

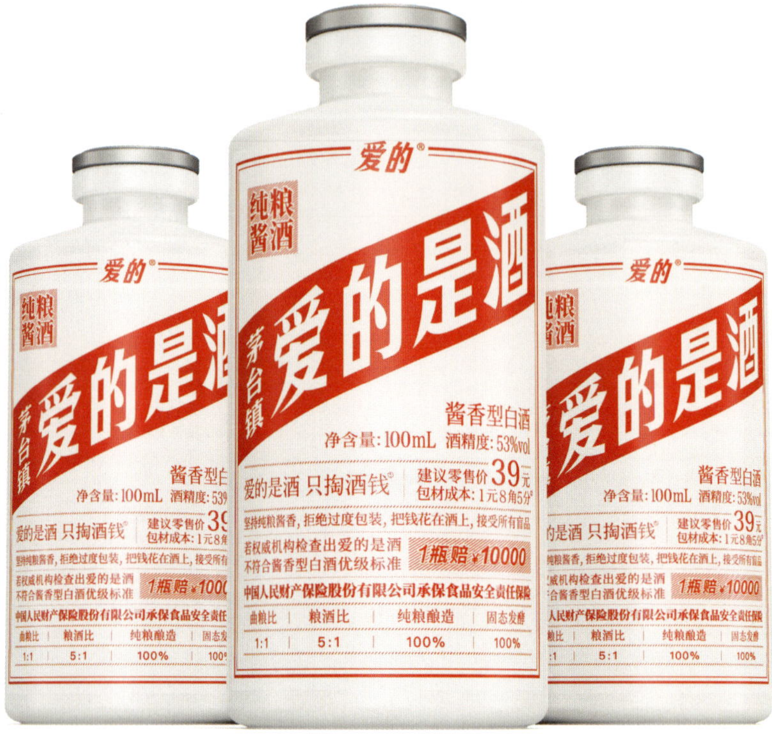
爱的®
纯粮酱酒
茅台镇
爱的是酒
酱香型白酒
净含量：100mL 酒精度：53%vol
爱的是酒 只掏酒钱®
建议零售价39元
包材成本：1元8角5分
坚持纯粮酱香，拒绝过度包装，把钱花在酒上，接受所有盲品
若权威机构检查出爱的是酒不符合酱香型白酒优级标准
1瓶赔¥10000
中国人民财产保险股份有限公司承保食品安全责任保险
曲粮比 粮酒比 纯粮酿造 固态发酵
1:1 5:1 100% 100%

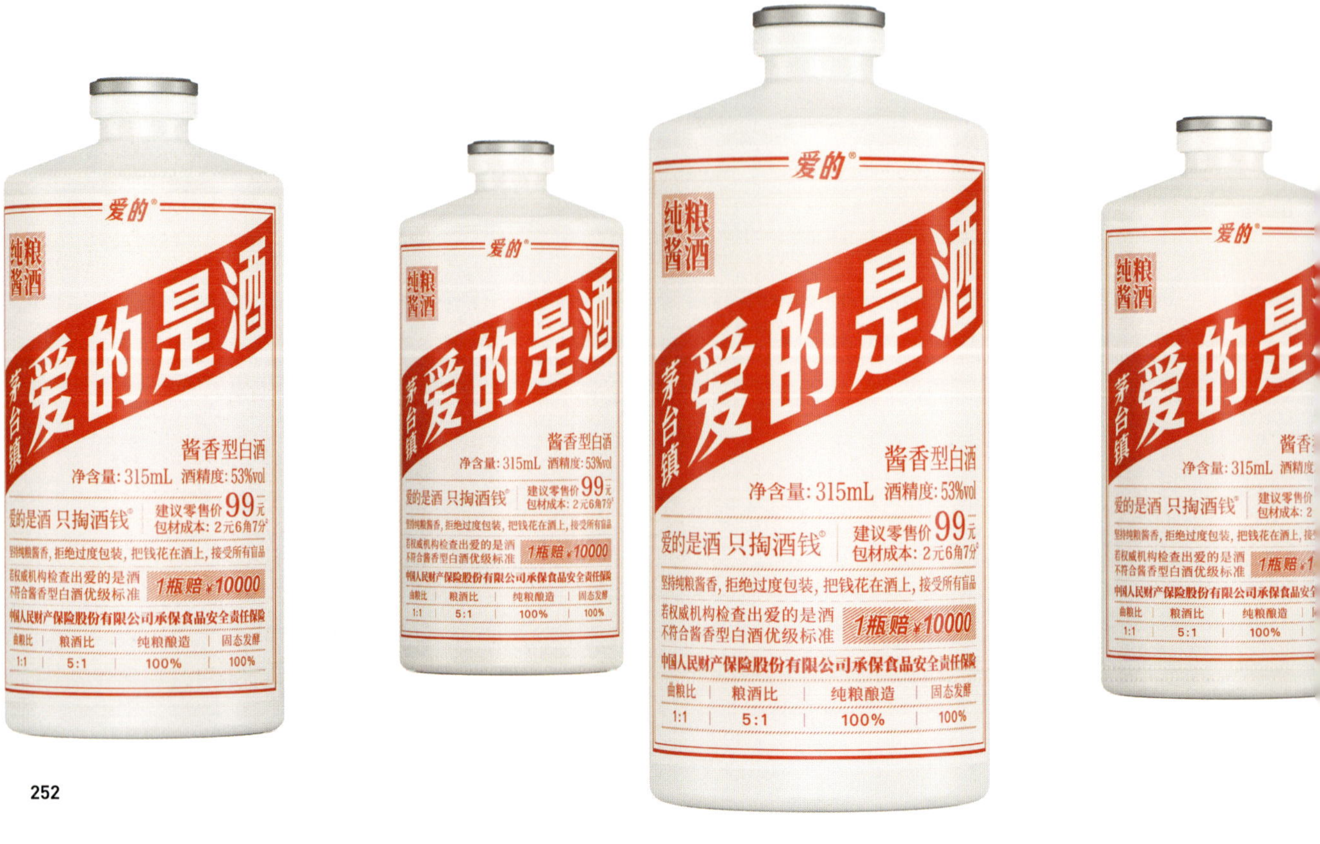
爱的®
纯粮酱酒
茅台镇
爱的是酒
酱香型白酒
净含量：315mL 酒精度：53%vol
爱的是酒 只掏酒钱®
建议零售价99元
包材成本：2元6角7分
坚持纯粮酱香，拒绝过度包装，把钱花在酒上，接受所有盲品
若权威机构检查出爱的是酒不符合酱香型白酒优级标准
1瓶赔¥10000
中国人民财产保险股份有限公司承保食品安全责任保险
曲粮比 粮酒比 纯粮酿造 固态发酵
1:1 5:1 100% 100%

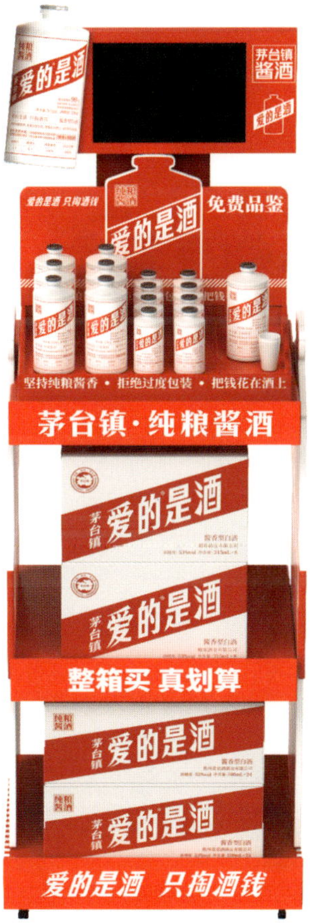
茅台镇酱酒
爱的是酒 只掏酒钱
免费品鉴
坚持纯粮酱香 · 拒绝过度包装 · 把钱花在酒上
茅台镇·纯粮酱酒
整箱买 真划算
爱的是酒 只掏酒钱

爱的®
纯粮酱酒
茅台镇
爱的是酒
酱香型白酒
净含量：315mL 酒精度：53%vol
爱的是酒 只掏酒钱®
建议零售价99元
若权威机构检查出爱的是酒不符合酱香型白酒优级标准
1瓶赔¥10000
中国人民财产保险股份有限公司承保食品安全责任险
曲粮比 粮酒比 纯粮酿造 固态发酵
1:1 5:1 100% 100%

茅台镇酱酒
爱的是酒 只掏酒钱
免费品鉴
把钱花在酒上
坚持纯粮酱香 · 拒绝过度包装 · 把钱花在酒上
茅台镇·纯粮酱酒
整箱买 真划算
爱的是酒 只掏酒钱
爱的是酒
纯粮酱酒
拒绝过度包装，把钱花在酒上
敢跟所有酱酒盲品对比
兑酒精 加香精 后掺水
1瓶赔¥10000

创造"真年份龙标"用包装助力战略

项目名
潭酒

设计师
郭鑫　林彦均　游佳乐

策略师
严凌伟　高建坤

敢标真年份
内行喝潭酒
潭®
酒
古蔺仙潭酒厂
敢标真年份
内行喝潭酒
潭®
酒
酱香型白酒
酒精度:53%vol 净含量:500ml
四川古蔺仙潭酒厂有限公司

新包装

设计思路

面对竞争一片红海的白酒市场，华与华为潭酒找到了“敢标真年份”的市场突破口。因为营销的本质是一种服务，给消费者的信息和咨询服务，营销的两种价值观，一种是利用信息对称，另一种是利用信息不对称。华与华通过在包装盒与酒瓶上增加“真年份龙标”的设计，解决信息不对称的问题。当信息对称时，消费者也成为专家，懂得产品和服务的一切真相，也就增加了该款产品被选择的概率。

敢标真年份
内行喝潭酒
酱香型白酒
酒精度:53%vol
净含量:500ml
四川古蔺仙潭酒厂有限公司

拆解新包装的关键机关

机关 1 读潭酒龙标，秒懂酱酒年份

机关 2 “龙标”形象借势徽章仪式感，增加产品的品质感和价值感

机关 3 将“潭”字标置于龙标头部中央，强化其品牌名

机关 4 嫁接酒坛这一中国酒文化历史符号，增加产品的年代感

机关 5 利用“紫龙鱼”品牌角色，增加品牌的记忆性

机关 6 放大品牌谚语，快速为消费者下达购买指令

机关 7 通过“透明价格一张表”，为消费者提供购买指南

机关 8 标明优越的地理位置，强化购买理由

机关 9 增加使用小贴士，细节处也做到为消费者提供便捷

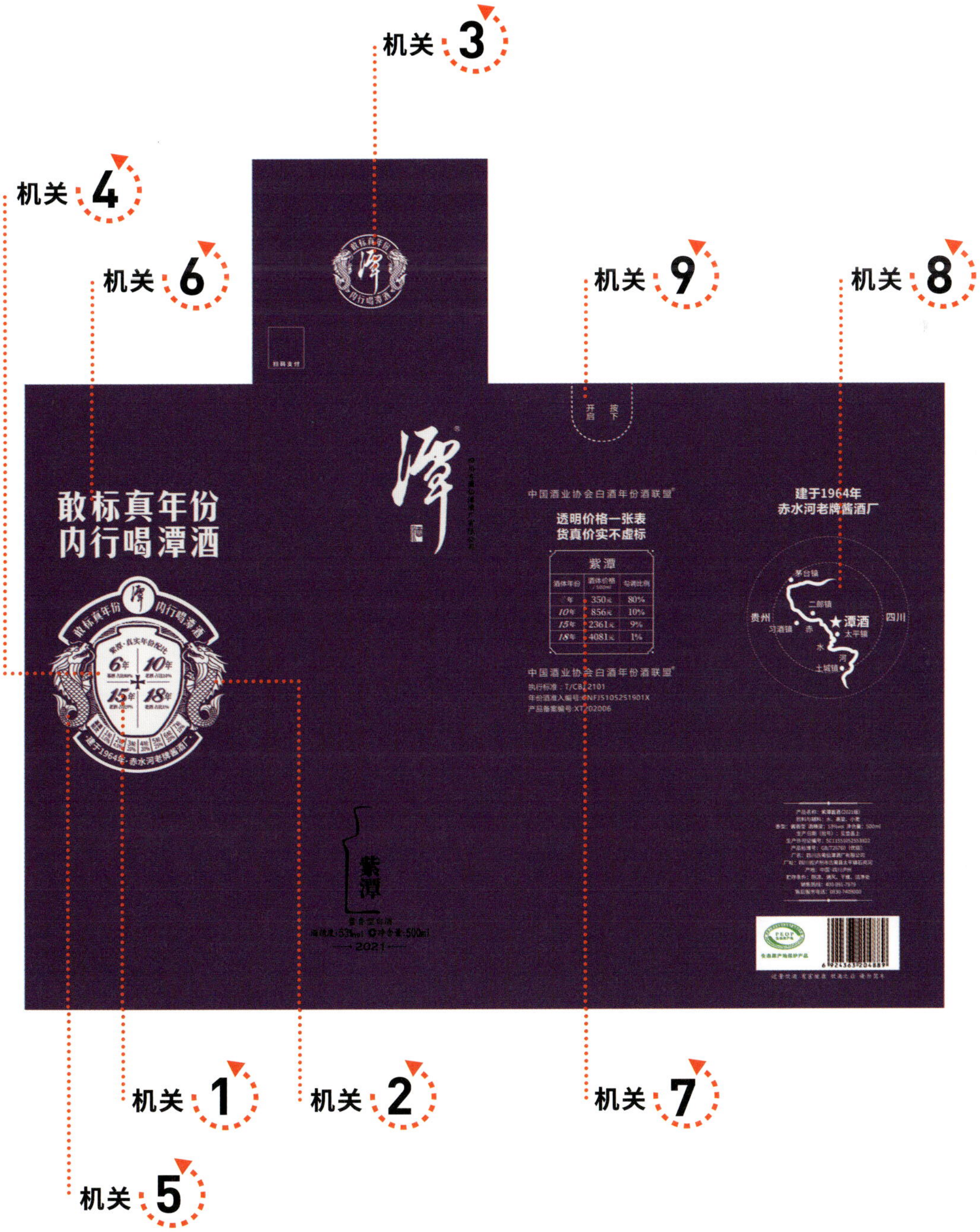
机关 3
机关 4
机关 6
机关 9
机关 8
敢标真年份
内行喝潭酒
中国酒业协会白酒年份酒联盟
透明价格一张表
货真价实不虚标
紫潭
建于1964年
赤水河老牌酱酒厂
贵州
四川
潭酒
紫潭
2021
机关 1
机关 2
机关 7
机关 5

机关 1 读潭酒龙标，秒懂酱酒年份

一款酒标就像是酒的身份证，是产品品质的背书，包含了许多相关信息。以紫潭酱酒为例，龙标中间分别标出 6 年基酒（80%）、10 年老酒（10%）、15 年老酒（9%）、18 年老酒（1%）的不同占比，底部标出基酒 7 轮次配比信息。消费者只要看一遍潭酒龙标，就能秒懂酱酒年份，成为懂酱酒的内行。

机关 2 “龙标”形象借势徽章仪式感，增加产品的品质感和价值感

机关 3 将“潭”字标置于龙标头部中央，强化其品牌名

机关 4 嫁接酒坛这一中国酒文化历史符号，增加产品的年代感

将中国酒文化的历史符号——酒坛子进行简化，并以其“形”为底，贯穿信息表格，使得在视觉上有张有弛，既让消费者一眼就能看到重点信息，又不乏一种年代感的氛围。

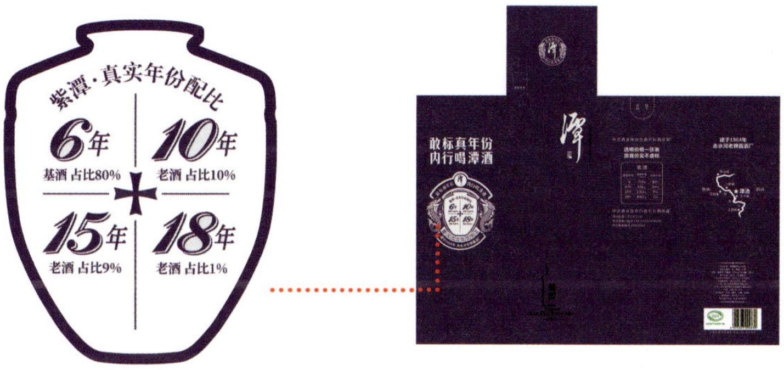

机关 5 利用“紫龙鱼”品牌角色，增加品牌的记忆性

结合潭酒1964年龙年建厂的企业历史，设计了“紫龙鱼”的品牌角色。设计之初的思考是：借助“鱼跃龙门”这个大众普遍知道的美好传说，设计出龙鱼形象；龙尾和身体的姿势，是参考了新加坡的国家形象——狮面鱼的造型，以此来凸显潭酒龙标的独特性和美好的寓意。

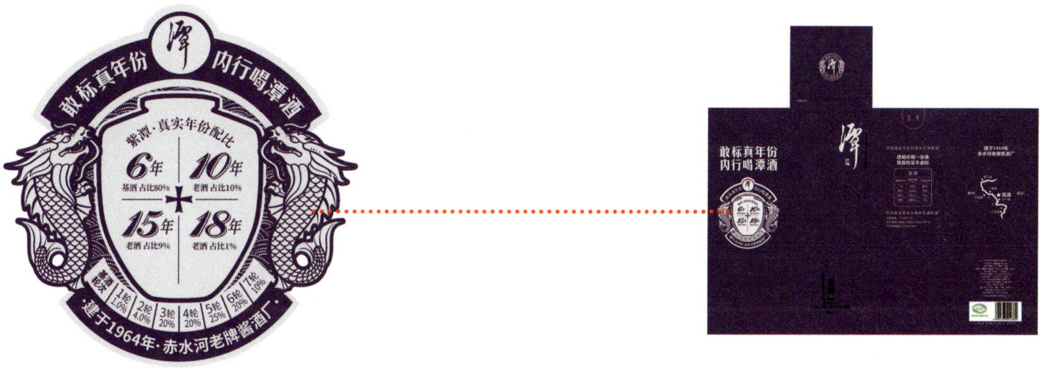

机关 6 放大品牌谚语，快速为消费者下达购买指令

将“敢标真年份，内行喝潭酒”的品牌谚语，植入“龙标”的超级符号之中，置于上方，既与“龙标”的信息相呼应，强化品牌“敢标真年份”的价值性，又通过“内行喝潭酒”召唤消费者，给消费者快速下达购买行动的指令。

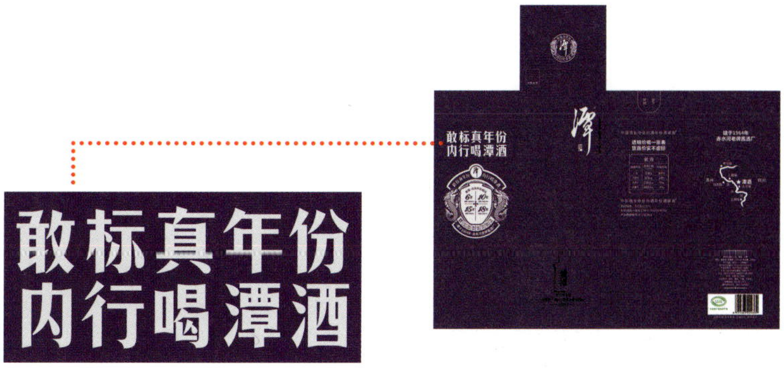

机关 7 通过“透明价格一张表”，为消费者提供购买指南

白酒产品的价格虚标是多年以来的消费痛点，潭酒以有别于传统白酒按消费心理定价的方式，采用按年份配比定价，即酒瓶里装了多少年的酒，有多少比例就卖多少钱，真正做到了货真价实。同时，将“透明价格一张表”放上包装，为消费者提供购买指南。

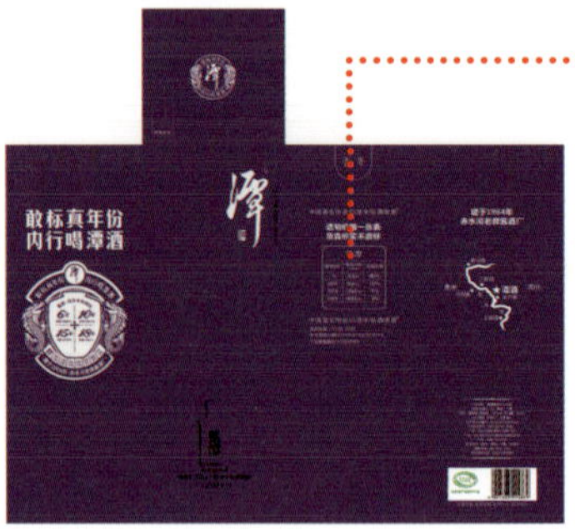

中国酒业协会白酒年份酒联盟®

透明价格一张表
货真价实不虚标

紫潭

酒体年份	酒体价格 /500ml	勾调比例
6年	350元	80%
10年	856元	10%
15年	2361元	9%
18年	4081元	1%

中国酒业协会白酒年份酒联盟

执行标准：T/CBJ 2101
年份酒准入编号:CNFJ5105251901X
产品备案编号:XT202006

机关 8 标明优越的地理位置，强化购买理由

把潭酒建于1964年赤水河老牌酱酒厂的地理位置标出，给了消费者购买“酱酒核心产区”和“老酒厂”产品的更多理由。

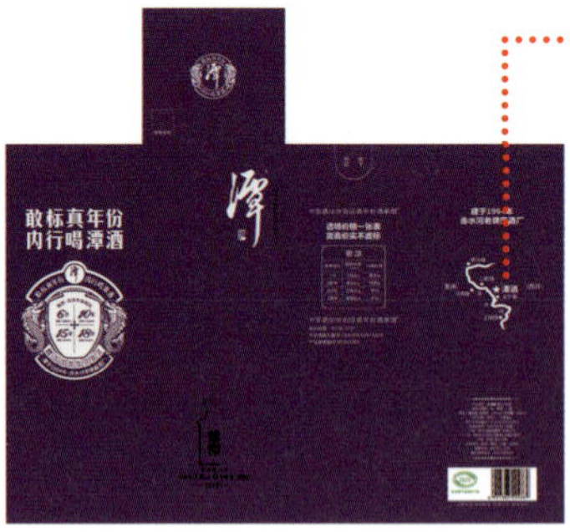

建于1964年
赤水河老牌酱酒厂

机关 9 增加使用小贴士，细节处也做到为消费者提供便捷

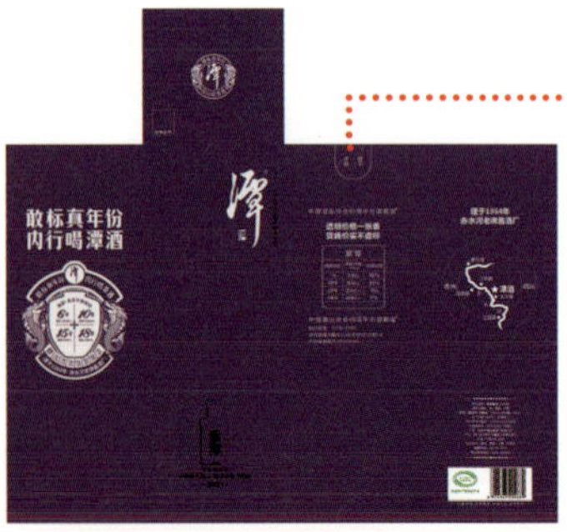

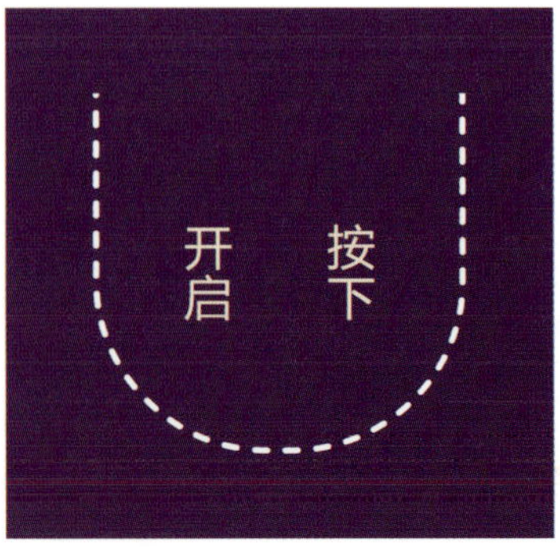

系列包装及终端陈列

潭
敢标真年份
内行喝潭酒
紫潭
2020
酱香型白酒
酒精度:53%vol 净含量:500ml
四川古蔺仙潭酒厂有限公司

潭
敢标真年份
内行喝潭酒
银酱
2020

潭
敢标真年份
内行喝潭酒

潭
敢标真年份
内行喝潭酒
金酱
酱香型白酒
2020

潭
敢标真年份
内行喝潭酒

用包装
投资超级符号

项目名
八马茶业

设计师
刘伟　徐超　于杰

策略师
夏鸣阳　李亚楠

新旧包装对比

OLD
旧包装

发现问题

原有的产品包装没有突出品牌的记忆点，很难使消费者一眼看出是八马茶业的茶叶。此外，原包装上的信息不突出，消费者无法快速识别茶叶的品种。

NEW
新包装

解决问题

产品包装是品牌最大的自媒体，通过放大“八马”这个超级符号，为品牌积累资产，加深消费者的印象，降低品牌的传播成本。此外，新包装通过使用不同的颜色来体现不同的茶叶品种、不同的工艺，标明同系列不同档位产品的区别，让消费者能够快速区分、快速决策。

拆解新包装的关键机关

机关1 统一放大超级符号，为“八马”积累品牌资产

机关2 用工艺差异化体现产品价值差异化

机关3 统一包装方标符号，让超级符号与品牌名始终同时出现，便于记忆

机关4 设计产品信息牌，让产品自己会说话

机关5 用色彩区分六大茶类，降低消费者的选择成本

机关6 充分利用包装内侧空间，最大化传递购买理由

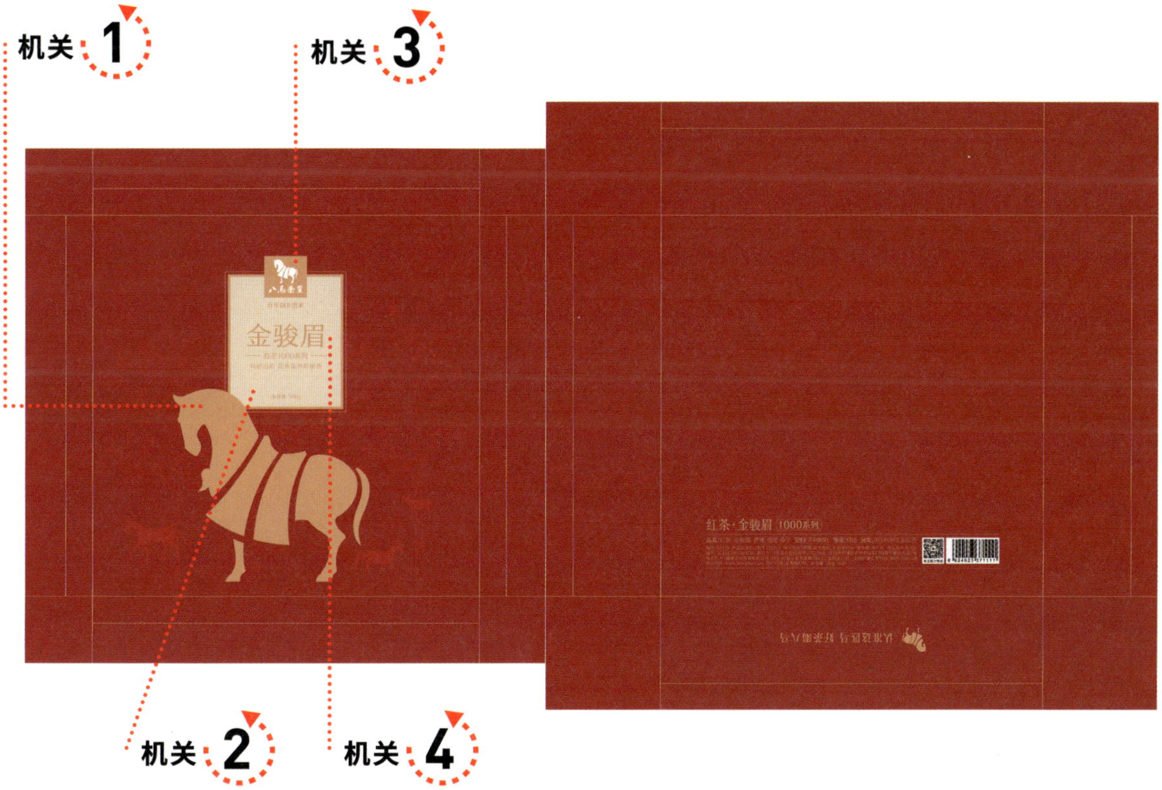
机关 1
机关 3
金骏眉
红茶·金骏眉 1000系列
机关 2
机关 4

认准这匹马 好茶喝八马
认准这匹马 好茶喝八马
机关 6

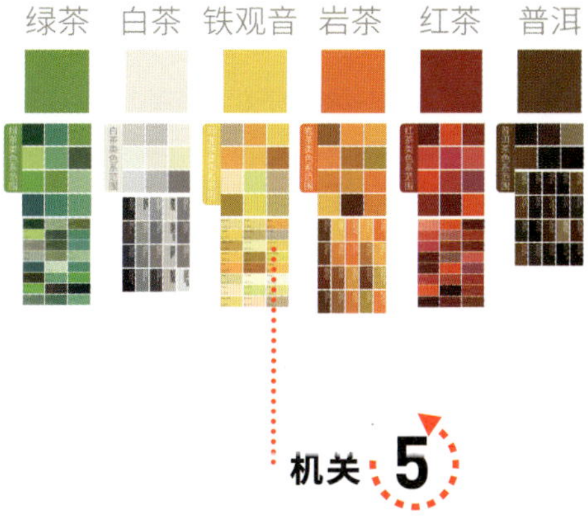
绿茶
白茶
铁观音
岩茶
红茶
普洱
机关 5

机关 1 统一放大超级符号，为“八马”积累品牌资产

放大超级符号至包装正面高度的 1/2 左右，使其占据视觉上的优势，让消费者一眼就能识别并记住，同时为“八马”这个超级符号积累品牌资产。

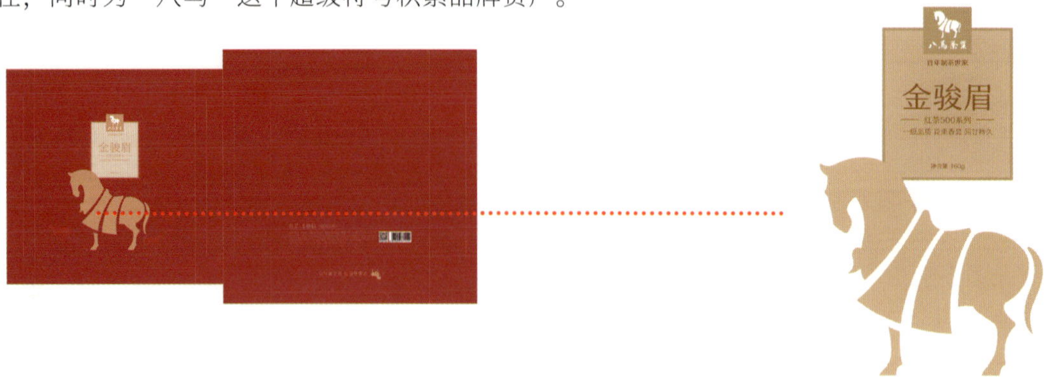

机关 2 用工艺差异化体现产品价值差异化

同系列不同价位的茶叶采用了不同的工艺，以工艺差异化来体现不同价格产品之间的价值差异化。

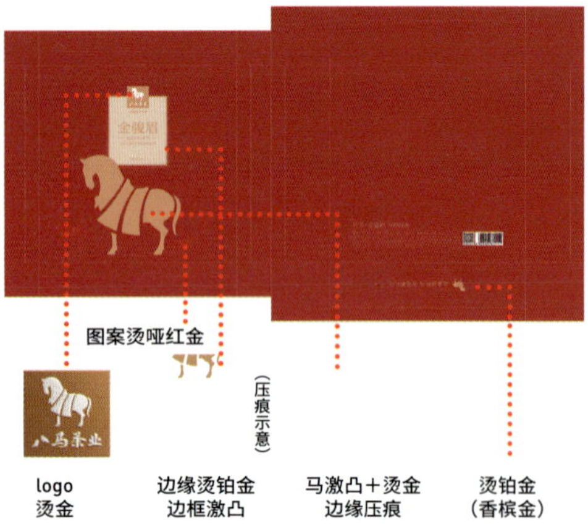

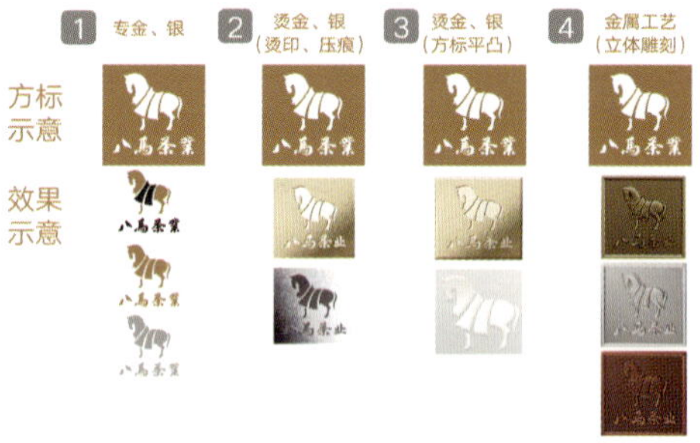

机关 3 统一包装方标符号，让超级符号与品牌名始终同时出现，便于记忆

八马茶业品牌标志方标的设计，将“八马”超级符号与“八马茶业”品牌名相结合，使得两者始终融为一体，便于加深消费者对品牌的整体记忆。

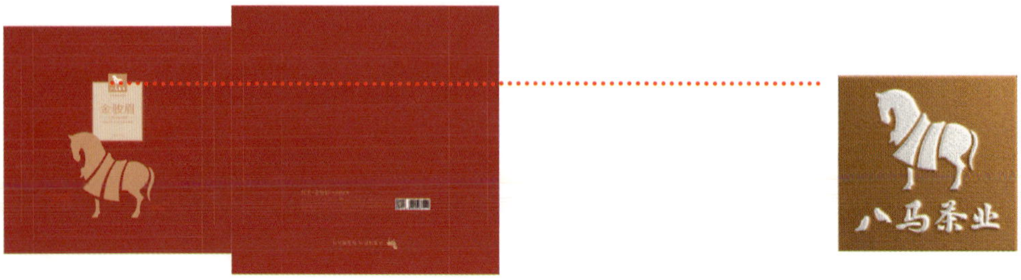

机关 4 设计产品信息牌，让产品自己会说话

为每一款茶叶设计一个产品信息牌，分层级进行信息展示，让产品自己说话。产品信息透明化，也加速了消费者的购买决策。

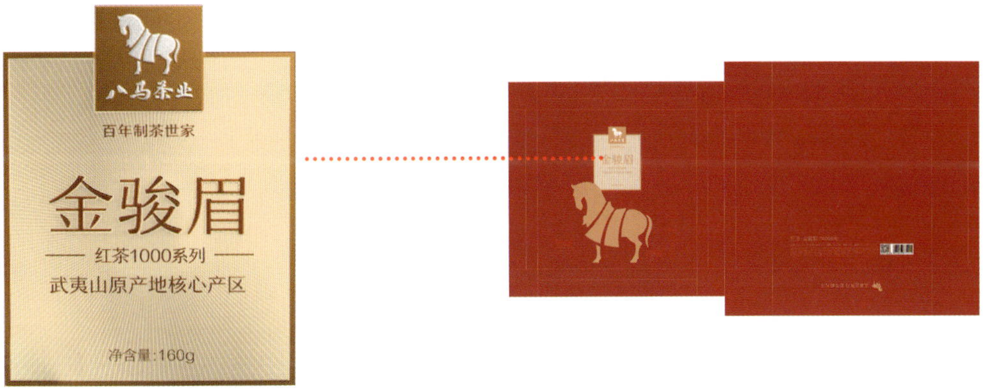

机关 5 用色彩区分六大茶类，降低消费者的选择成本

八马茶业的茶种较多，用不同颜色的包装来区分不同茶种，能降低消费者的选择成本。同时，颜色的区分使用也便于每一类茶种获得独有的陈列优势。

机关 6 充分利用包装内侧空间，最大化传递购买理由

在盒盖内面与盒身侧面的包装上添加超级符号、品牌谚语和好茶四大标准，再次向消费者传递购买理由。

系列包装及终端陈列

八马茶业
百年制茶世家
金骏眉
红茶360系列
武夷山原产地核心产区
净含量:192g
八马茶业
百年制茶世家
金骏眉
红茶500系列
武夷山原产地核心产区
净含量:160g

金骏眉
净含量:192克(6盒)
金骏眉
金骏眉

八马茶业
金骏眉
金米红360系列
净含量:192克(6盒)

设计包装
就是设计货架
黄金酒
黄金万圣酒
酒精度 35% vol

项目名
黄金酒

设计师
宗丽雯

策略师
程举贤

新包装

设计思路

包装卖货的第一步就是可以优先跳出货架，抓住消费者的眼球。酒类产品的包装大多以红色、金色为主。根据这样的终端陈列环境，我们选择蓝色作为“黄金酒”的包装主色，在竞品中能够立刻脱颖而出。

黄金酒®
黄金万圣酒
酒精度 35% vol 净含量：480ml
宜宾五粮液集团保健酒有限责任公司

拆解新包装的关键机关

机关 1 用颜色占领货架，抓住消费者眼球

机关 2 用超级符号结合产品名，降低消费者的记忆成本

机关 3 产品原料可视化，有图更有说服力

机关 4 瓶形继承原有品牌资产

机关 1
机关 2
机关 3
机关 4
黄金酒
宜宾五粮液集团保健酒有限责任公司

机关 1 用颜色占领货架，抓住消费者眼球

华与华通过走访市场发现黄金酒的销售终端，大多数的酒类包装是红色系或者金色系。该产品包装则选用了蓝色，在终端货架的陈列中明显区别于其他酒类产品，能够一眼被识别。

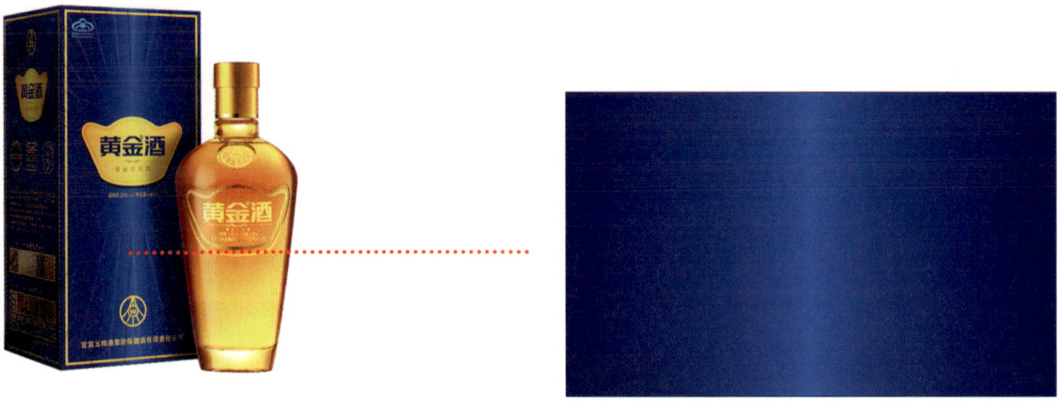

机关 2 用超级符号结合产品名，降低消费者的记忆成本

“黄金”和“金元宝”有着与生俱来的关联性，并且金元宝本身也有着辨识度极高的颜色以及轮廓。将超级符号“金元宝”与品牌名“黄金酒”相结合，两者产生呼应，既强化了“黄金酒”的价值感，又降低了消费者对产品的记忆成本。

机关3 产品原料可视化，有图更有说服力

将产品原料“五种粮食”“六味中药”的高清照片印上包装，体现产品的真材实料，进一步打动消费者购买，同时与电视广告文案呼应，形成重复记忆。

机关4 瓶形继承原有品牌资产

黄金酒是五粮液集团的产品，因此在瓶形设计上，继续保留了五粮液经典“鼓形”瓶形设计，继承品牌资产。

系列包装及终端陈列

黄金酒
黄金万福
四川省宜宾五粮液集团保健酒有限责任公司

黄金酒
宜宾五粮液集团保健酒有限责任公司

回到终端现场做设计
让可视范围见完整信息

项目名
鲜啤 30 公里

设计师
沈明礼

策略师
冯雨　孙艳艳

新旧包装对比

OLD
旧包装

发现问题

原包装的信息排版可阅读性不强，品牌名虽然大，但任何角度都无法阅读到完整的“产品名”和“产品信息”，不利于消费者快速识别和决策购买。

NEW

新包装

解决问题

新包装的罐体设计了两面信息展示位，在最大的可视范围内，使每一面都能阅读到完整的产品信息。同时，化繁为简，直接运用原材料的颜色为底色，使包装的色彩信息更具有层次性，同时也能与货架上大多数同系列产品形成差异，获得陈列优势。

拆解新包装的关键机关

机关 1 用材料原色做包装底色，减少色彩对产品信息干扰

机关 2 增加一个陈列面，每一面都是正面

机关 3 将超级符号在可视范围内放到最大，获得最强视觉冲击力

机关 4 用“酒厂地图”+消费引导，打造最强购买理由

机关 5 产品名称放“C 位”，加速消费者购买决策

机关 6 关键信息透明化，让包装自己卖货

机关 7 罐口当作条幅用

机关 8 证据链上包装，提高品牌可信度

机关 9 “饮用说明”上瓶身，增加产品体验感

机关 1
机关 9
机关 7
机关 2
机关 3
短保鲜啤
需冷藏
建议6-8°C饮用
全麦芽酿造
不杀菌、不过滤
30公里城市酒厂
只做短保鲜啤
扫码关注我们
酒厂越近越新鲜 30公里硬指标
鲜啤30公里
30
德式小麦鲜啤
精酿原浆/不过滤/不稀释
原麦汁浓度 11.5°P 酒精度 ≥4.1%vol
净含量 500ml
酒厂30公里半径内
饮用更新鲜!
机关 8
机关 6
机关 5
机关 4

机关 1 用材料原色做包装底色，减少色彩对产品信息干扰

使用易拉罐原色做包装底色，一方面可以使其从货架上的同类产品中跳出来；另一方面也能避免色彩干扰包装信息，使超级符号及产品信息在视觉上更突出。

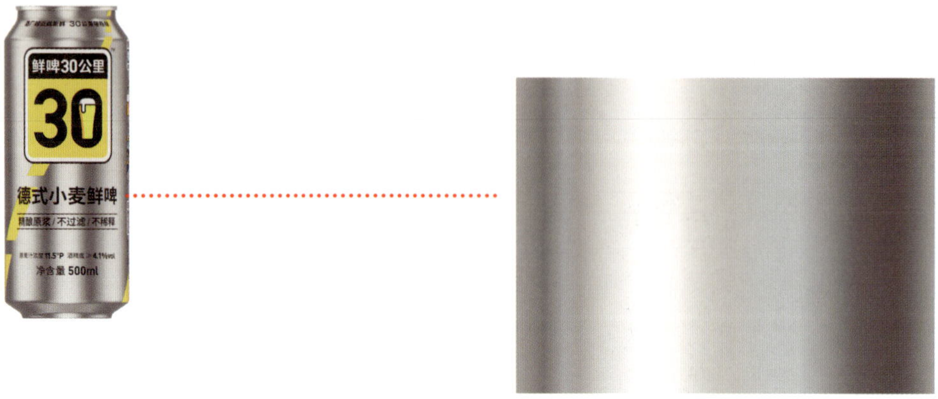

机关 2 增加一个陈列面，每一面都是正面

在包装上增加一个陈列面，就是增加一个广告位，增加信息释放的概率。罐子两面都是正面，并将产品信息排版在最大可视范围内，无论看到哪面，消费者都可以有完整阅读体验。

A 面

B 面

机关 3 将超级符号在可视范围内放到最大，获得最强视觉冲击力

超级符号最大化的设计，可以使产品第一眼就能被识别；同时，加上大面积的黄、黑色块对比，也可以使产品在货架陈列上形成阵列感，取得货架优势。

机关 4 用“酒厂地图”＋消费引导，打造最强购买理由

用地图标明酒厂地址，加上“酒厂 30 公里半径内，饮用更新鲜！”的文字引导消费，以科普教育的形式，为品牌打造最强购买理由，加速消费者的购买决策。

机关 5 产品名称放“C 位”，加速消费者购买决策

产品名称使用黑色字体且将其放置在包装的中心，加快消费者看到该信息的速度，同时加速消费者的购买决策。

德式小麦鲜啤

机关 6 关键信息透明化，让包装自己卖货

带入消费者的选择逻辑，将他们最关心的产品工艺、数据信息透明化，让包装自己卖货。

精酿原浆 / 不过滤 / 不稀释

原麦汁浓度 11.5°P 酒精度 ≥4.1%vol

净含量 500ml

机关 7 罐口当作条幅用

包装的罐口也是广告位，将“酒厂越近越新鲜　30 公里硬指标”放在罐口处，突出本地酿造信息。

酒厂越近越新鲜　30公里硬指标

机关 8 证据链上包装，提高品牌可信度

将证据链上包装，有图有真相，佐证购买理由，提高品牌可信度。

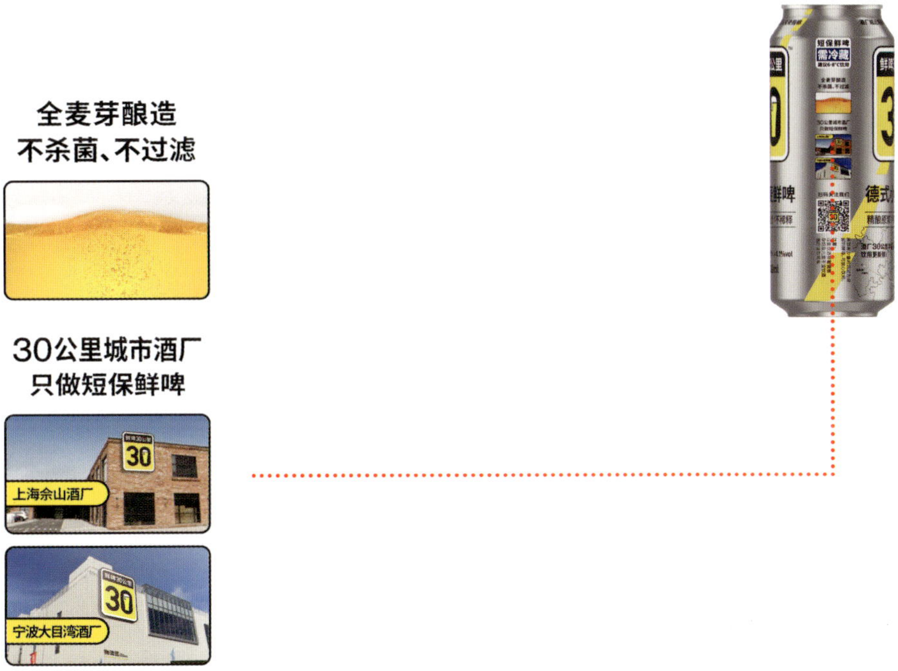

机关 9 “饮用说明”上瓶身，增加产品体验感

瓶身两侧均可看到产品的“饮用说明”，突出品牌的友好性，增加消费者对该产品的体验感。

系列包装及终端陈列

酒厂越近越新鲜 30公里硬指标
鲜啤30公里
30
德式小麦鲜啤
精酿原浆/不过滤/不稀释
原麦汁浓度 11.5°P 酒精度 ≥4.1%vol
净含量 500ml
社交皮尔森鲜啤
精酿原浆/不过滤/不稀释
原麦汁浓度 10.5°P 酒精度 ≥3.7%vol
净含量 500ml
美式IPA鲜啤
精酿原浆/不过滤/不稀释
净含量 500ml

酒厂越近越新鲜 30公里硬指标
鲜啤30公里
30
德式小麦鲜啤
精酿原浆/不过滤/不稀释
原麦汁浓度 11.5°P 酒精度 ≥4.1%vol
净含量 500ml
社交皮尔森鲜啤
原麦汁浓度 10.5°P 酒精度 ≥3.7%vol
社交印度淡色艾尔鲜啤
社交IPA鲜啤
原麦汁浓度 13°P 酒精度 ≥4.7%vol
美式印度淡色艾尔鲜啤
美式IPA鲜啤
原麦汁浓度 14.5°P 酒精度 ≥5.2%vol

鲜啤30公里
30
皮尔森鲜啤
酒厂越近越新鲜
30公里硬指标
净含量 500ml

鲜啤30公里
30
酒厂越近越新鲜
30公里硬指标

在同一个系统中思考
电视广告与包装设计

项目名	设计师	策略师	插画师
益佰	陈伟恩　刘伟　徐旭东	夏晓燕	方政

新旧包装对比

OLD
旧包装

发现问题

原包装的信息层级不明显，品牌识别性和记忆点不强，只有“克咳胶囊”几个字较为显眼，但不同产品与“益佰”这个品牌之间难以建立关联，且品牌符号本身不易被消费者辨识和播传。

NEW
新包装

解决问题

秉持华与华“所有的事都是一件事”的理念，后工序决定前工序，创意、战略、广告、包装、产品开发、营销传播等其实都是一件事，相互影响，不可分割。新包装用广告里的品牌角色统领所有包装，既能为品牌积累资产，又能实现电视广告和包装设计的联动，让消费者看到包装就产生亲切感，联想到电视广告，加快购买决策。

拆解新包装的关键机关

机关 1 秉持“所有的事都是一件事”的理念，在一整套系统里完成思考，将广告里的品牌角色上包装

机关 2 从文化母体中寻找超级符号，运用品牌纹样，获得终端陈列优势

机关 3 用“100 + 胶囊”形状设计品牌标志，一目了然见行业、见企业

机关 4 在药品法规要求下，最大限度放大产品名称

机关 5 利用包装的多面展位，加强品牌信息释放

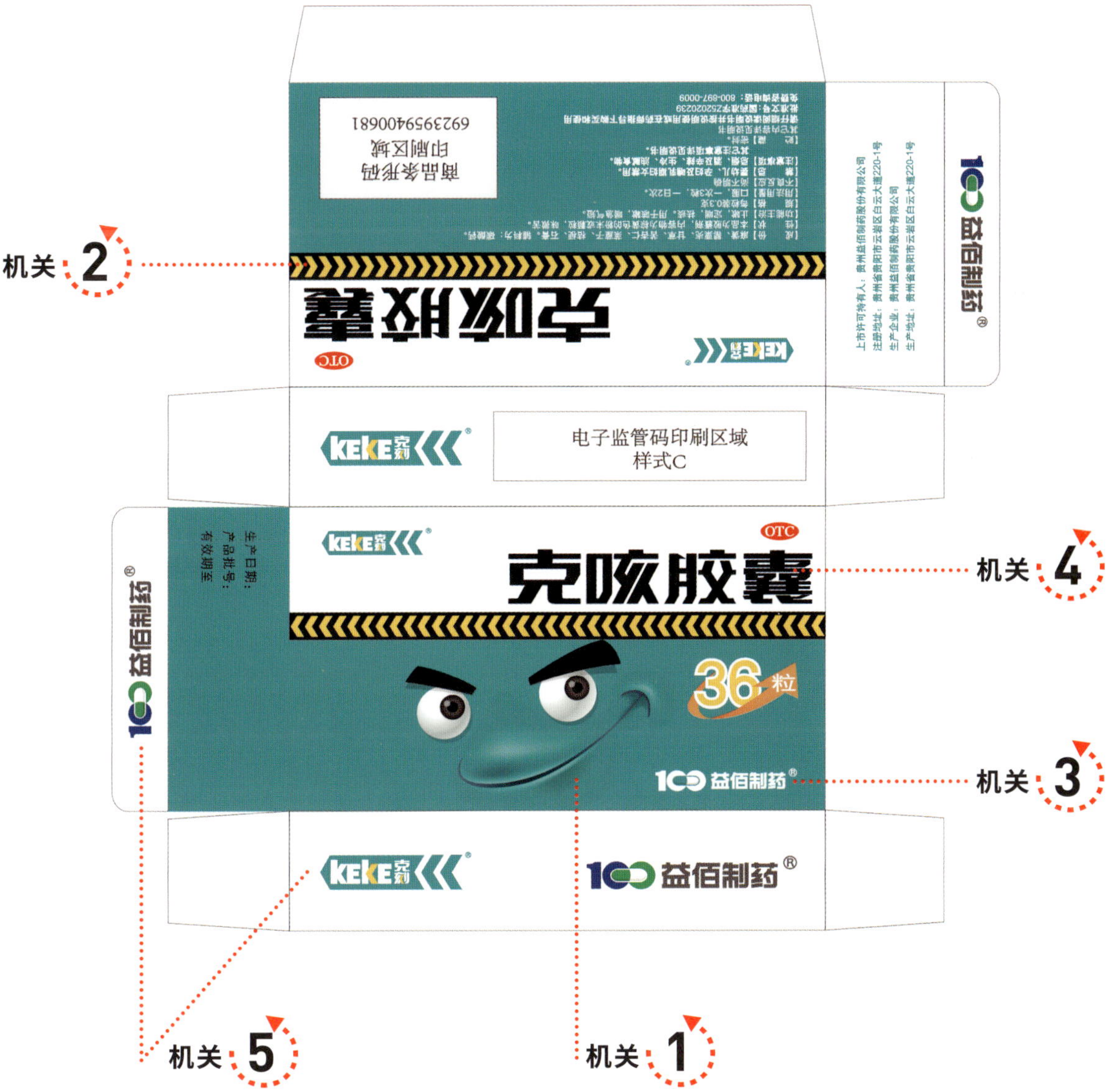

机关 2
机关 4
机关 3
机关 5
机关 1
克咳胶囊
OTC
36粒
益佰制药
电子监管码印刷区域
样式C
商品条形码
印刷区域
6923959400681
生产日期：
产品批号：
有效期至

机关 1 秉持“所有的事都是一件事”的理念，在一整套系统里完成思考，将广告里的品牌角色上包装

让广告里的品牌角色上包装，在货架前唤醒消费者对电视广告的记忆，加速其做出购买决策。这就是华与华“所有的事都是一件事”理念的体现，在一整套系统里完成对创意广告和包装设计的思考。

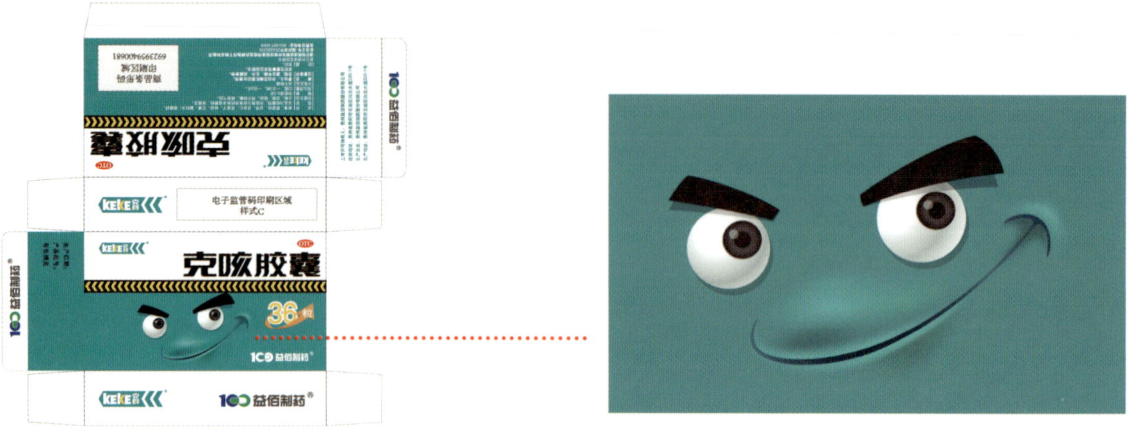

机关 2 从文化母体中寻找超级符号，运用品牌纹样，获得终端陈列优势

提取电视遥控键盘上音量递减的符号元素，并运用道路导向标志的设计方法，创意纹样设计，在终端具有视觉强制性，获得陈列优势。

机关 3 用“100 + 胶囊”形状设计品牌标志，一目了然见行业、见企业

品牌标志的设计，是为了让消费者第一眼看到就知道企业所在的行业。所以益佰作为药企，用胶囊元素+谐音益佰的 100 元素进行组合，能让消费者一目了然见企业、一目了然见行业，并且可描述，从而降低品牌识别、记忆、传播的成本。

机关 4 在药品法规要求下，最大限度放大产品名称

根据国家食品药品监督管理局令（第 24 号）的要求，药品通用名称必须在上 1/3 范围内显著位置标出。依照此规范的要求，将“克咳胶囊”四个字做最大限度的放大设计，增加被看见的概率。

克咳胶囊

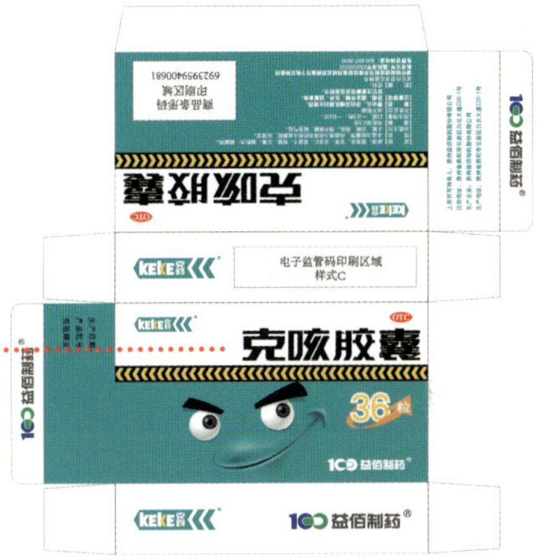

机关 5 利用包装的多面展位，加强品牌信息释放

在包装盒的侧面、顶端、底部，多次重复展示品牌名称和产品信息，充分利用包装就是元媒体、广告位的功能，加强品牌信息释放，积累品牌资产。

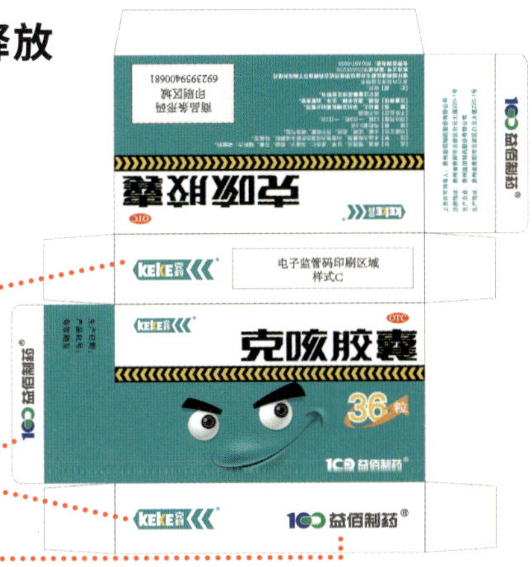

系列包装及终端陈列

KEKE 克刻
OTC
克咳胶囊
36粒
益佰制药
KEKE 克刻
OTC
感冒止咳糖浆
益佰制药
100毫升
KEKE 克刻
小儿咳
益佰制药

OTC
灵口服液
10支
KEKE克刻
OTC
强力枇杷露
益佰制药
120毫升
贵州益佰制药股份有限公司
OTC
KEKE克刻
半夏止咳糖浆
益佰制药
100毫升
OTC
KEKE克刻
小儿止咳糖浆
益佰制药
90毫升

同品类产品包装陈列

项目名
辅仁

设计师
肖征

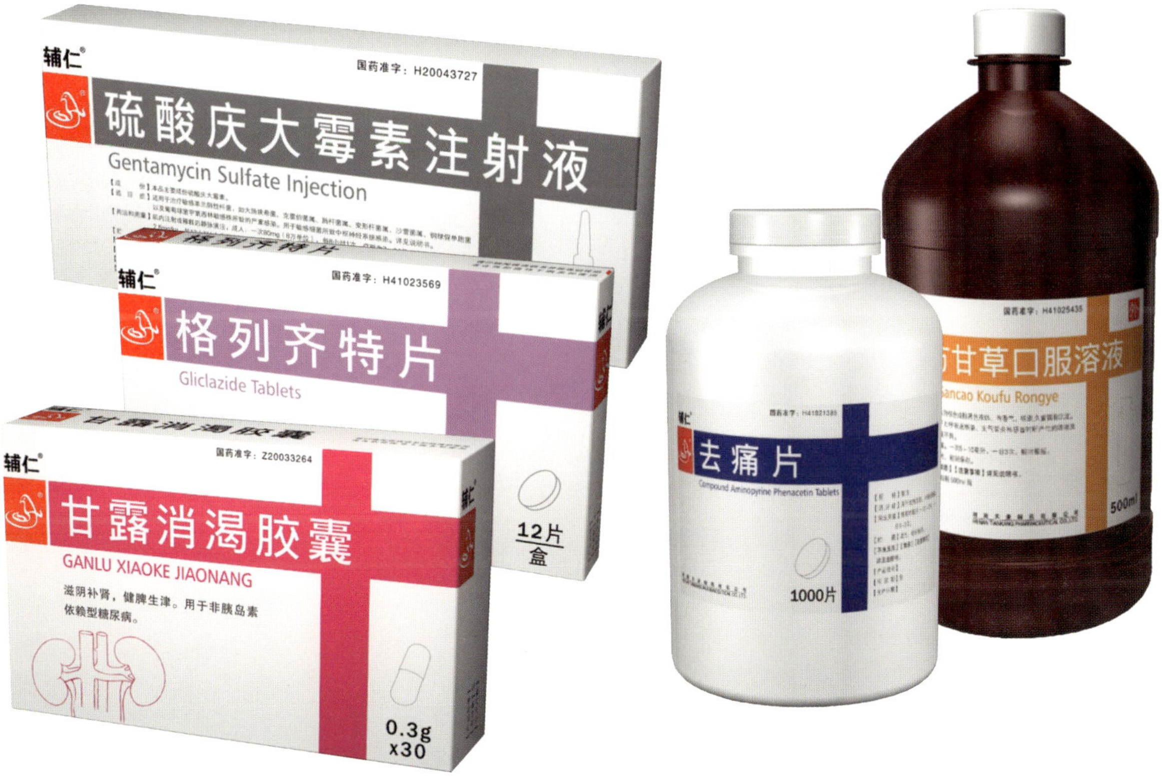
辅仁
国药准字：H20043727
硫酸庆大霉素注射液
Gentamycin Sulfate Injection
辅仁
国药准字：H41023569
格列齐特片
Gliclazide Tablets
12片
盒
辅仁
国药准字：Z20033264
甘露消渴胶囊
GANLU XIAOKE JIAONANG
滋阴补肾，健脾生津。用于非胰岛素
依赖型糖尿病。
0.3g
x30
去痛片
Compound Aminopyrine Phenacetin Tablets
1000片
甘草口服溶液
500ml

关节止痛膏
甲硝唑氯己定洗剂
伤痛宁膏
感冒退热颗粒
川贝枇杷糖浆
小儿双解止泻颗粒
复方岗松止痒洗液
少林风湿跌打膏
麝香镇痛膏
五味子颗粒
治带片
复方胃宁片
益气养血口服液
芪枣颗粒
维D2磷酸氢钙片
前列安通胶囊
小儿四维钙干混悬剂
蚝贝钙片（咀嚼片）

项目名	设计师	策略师
康必得	肖征	董俊峰　夏晓燕

Kbd 康必得
OTC
复方愈创木酚
磺酸钾口服溶液
100ml
镇咳
祛痰
北京康必得药业有限公司
Kbd 康必得
枸橼酸铁铵
维B1糖浆I
Juyuansuantie'an Wei B1 Tangjiang
100ml
适用于缺铁性贫血
北京康必得药业有限公司
可尔
银蜂
【贮存方法】密封，置阴凉干燥处
Kbd 康必得
OTC
愈酚喷托异丙嗪颗粒
用于感冒或流感
引起的咳嗽、咳痰
10袋
北京康必得药业有限公司

项目名
太龙

设计师
陈伟恩

策略师
夏晓燕

批准文号：国药准字Z20050424
OTC
连合剂
批准文号：国药准字Z41020107
太龙
乳核内消液
【功能主治】疏肝活血，软坚散结。用于经期乳房胀痛有块，月经不调或量少色紫成块及乳腺增生。
太龙
OTC
川贝止咳
批准文号：国药准字Z41020565
太龙
批准文号：国药准字Z41020295
太龙
黄口服液
OTC
太龙
银翘解毒合剂
批准文号：国药准字Z20033139
太龙
清热解毒口服液
【功能主治】清热解毒。用于热毒壅盛所致的发热面赤、烦躁口渴、咽喉肿痛；流感、上呼吸道感染见上述证候者。
批准文号：国药准字Z41020562
太龙
阿胶益寿口服液
【功能主治】补气养血。用于气血双亏，四肢无力，腰膝酸软，面黄肌瘦，健忘失眠，妇女产后诸虚。
20毫升x10支
河南太龙药业股份有限公司
批准文号：国药准字Z41020565
口服液
浓缩型
10毫升×12支
批准文号：国药准字Z41020561
太龙
生 脉 饮
【功能主治】益气，养阴生津。用于气阴两亏，心悸气短，自汗。
河南太龙药业股份有限公司

若遇药液浑浊、异物、瓶身破裂、轧口松动
太龙
葡萄糖注
氯化钠注
葡萄糖氯化钠
碳酸氢
Glucose
Sodium Chloride
产品批号：
生产日期：
有效期至：
河南太龙药业股份有限公司
穿琥宁
甲磺酸帕珠沙
Pazufloxacin Mesylate
氟康唑氯
Fluconazole and So
硝酸异山梨
替硝唑氯
复方氯化

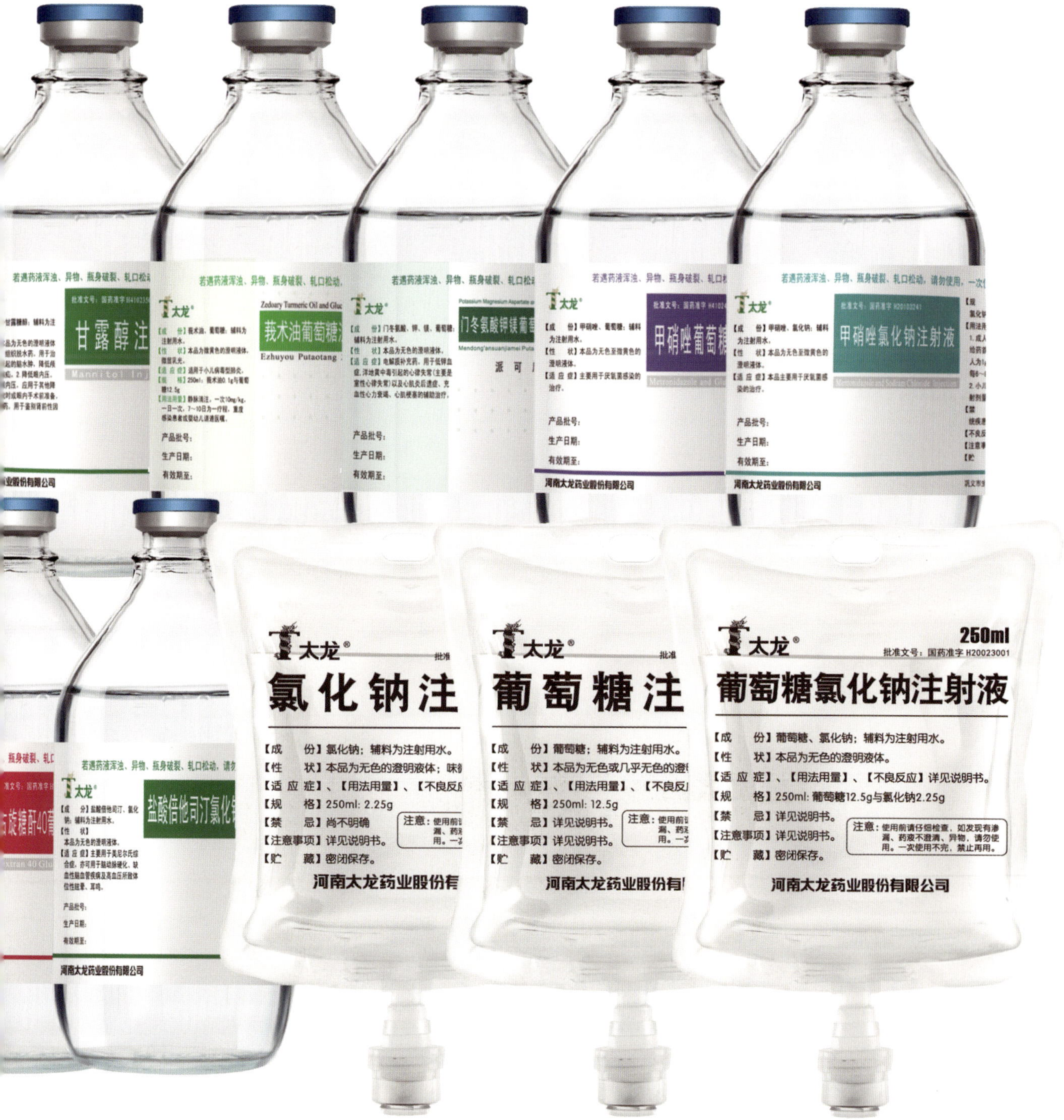
甘露醇注
Mannitol In
河南太龙药业股份有限公司
莪术油葡萄糖
Ezhuyou Putaotang
门冬氨酸钾镁葡萄
甲硝唑葡萄糖
甲硝唑氯化钠注射液
盐酸倍他司汀氯化钠
太龙
氯化钠注
【成 份】氯化钠；辅料为注射用水。
【规 格】250ml: 2.25g
【禁 忌】尚不明确
【注意事项】详见说明书。
【贮 藏】密闭保存。
葡萄糖注
【成 份】葡萄糖；辅料为注射用水。
【规 格】250ml: 12.5g
【禁 忌】详见说明书。
【注意事项】详见说明书。
【贮 藏】密闭保存。
250ml
批准文号：国药准字 H20023001
葡萄糖氯化钠注射液
【成 份】葡萄糖、氯化钠；辅料为注射用水。
【性 状】本品为无色的澄明液体。
【适 应 症】、【用法用量】、【不良反应】详见说明书。
【规 格】250ml: 葡萄糖12.5g与氯化钠2.25g
【禁 忌】详见说明书。
【注意事项】详见说明书。
【贮 藏】密闭保存。
注意：使用前请仔细检查，如发现有渗漏、药液不澄清、异物，请勿使用。一次使用不完，禁止再用。
河南太龙药业股份有限公司

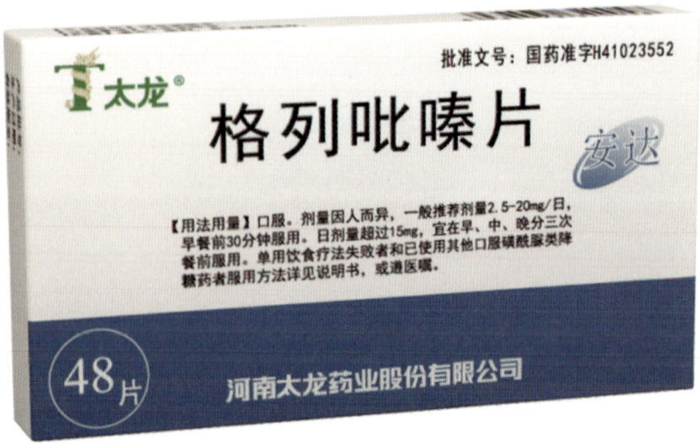
批准文号：国药准字H41023552
太龙®
格列吡嗪片
安达
【用法用量】口服。剂量因人而异，一般推荐剂量2.5~20mg/日，早餐前30分钟服用。日剂量超过15mg，宜在早、中、晚分三次餐前服用。单用饮食疗法失败者和已使用其他口服磺酰脲类降糖药者服用方法详见说明书，或遵医嘱。
48片
河南太龙药业股份有限公司

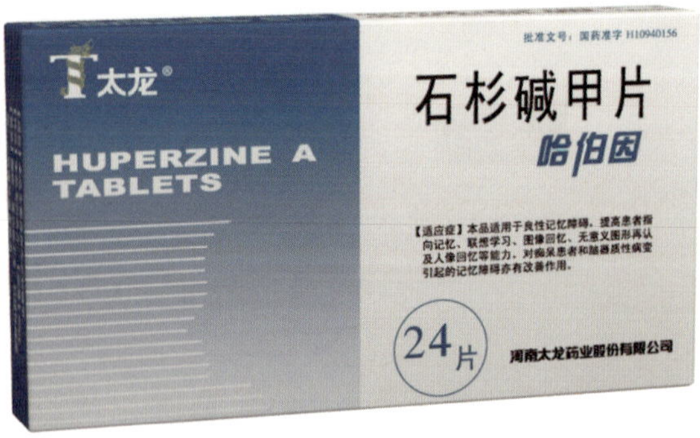
太龙®
HUPERZINE A TABLETS
石杉碱甲片
哈伯因
24片
河南太龙药业股份有限公司

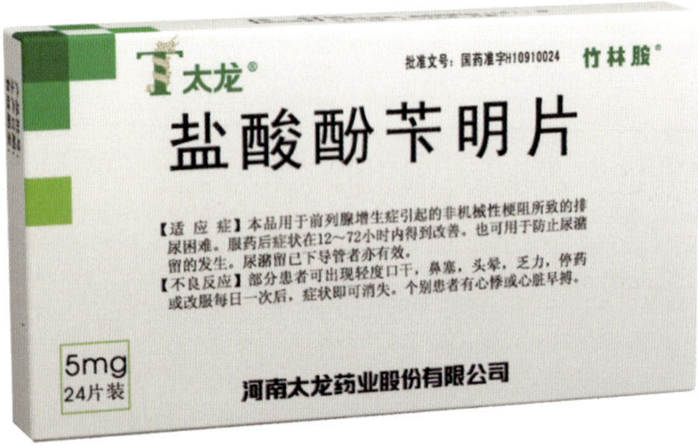
太龙®
批准文号：国药准字H10910024
竹林胺®
盐酸酚苄明片
【适 应 症】本品用于前列腺增生症引起的非机械性梗阻所致的排尿困难。服药后症状在12~72小时内得到改善。也可用于防止尿潴留的发生。尿潴留已下导管者亦有效。
【不良反应】部分患者可出现轻度口干，鼻塞，头晕，乏力，停药或改服每日一次后，症状即可消失。个别患者有心悸或心脏早搏。
5mg
24片装
河南太龙药业股份有限公司

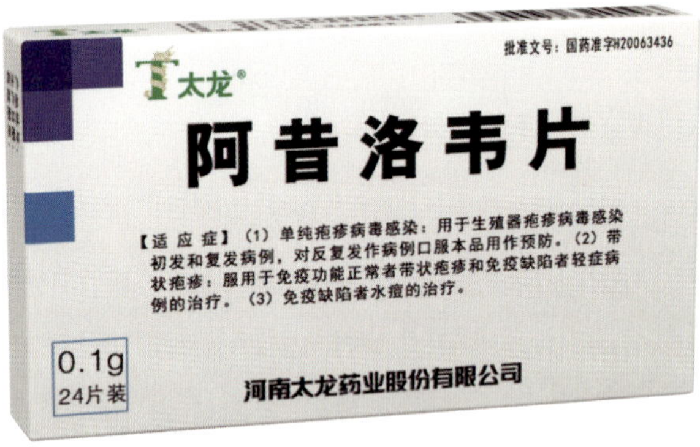
批准文号：国药准字H20063436
太龙®
阿昔洛韦片
【适 应 症】(1) 单纯疱疹病毒感染：用于生殖器疱疹病毒感染初发和复发病例，对反复发作病例口服本品用作预防。(2) 带状疱疹：服用于免疫功能正常者带状疱疹和免疫缺陷者轻症病例的治疗。(3) 免疫缺陷者水痘的治疗。
0.1g
24片装
河南太龙药业股份有限公司

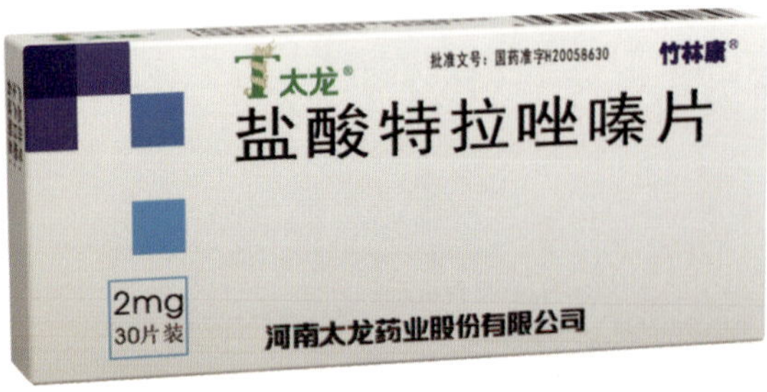
太龙®
批准文号：国药准字H20058630
竹林康®
盐酸特拉唑嗪片
2mg
30片装
河南太龙药业股份有限公司

太龙®
OTC
双黄连胶囊
0.4克×30粒
Shuanghuanglian Jiaonang
绿色盾牌®
河南太龙药业股份有限公司

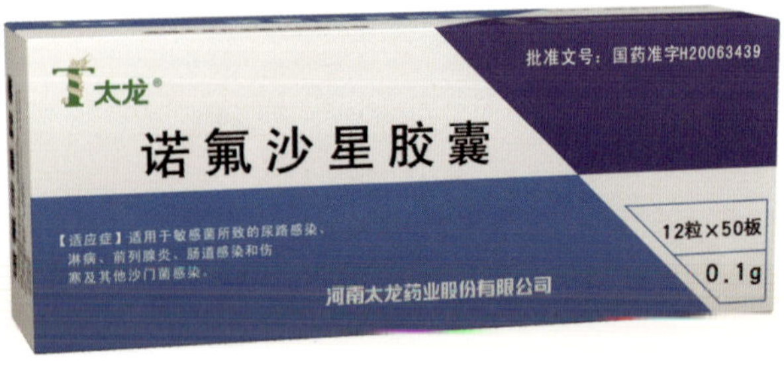
太龙®
批准文号：国药准字H20063439
诺氟沙星胶囊
12粒×50板
0.1g
河南太龙药业股份有限公司

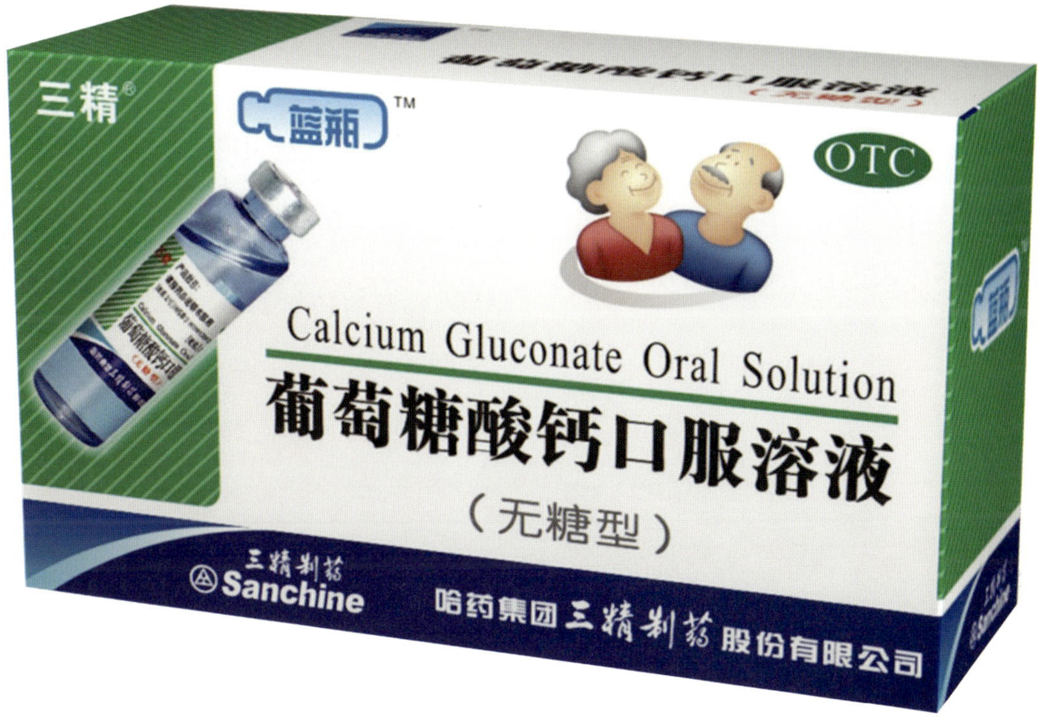

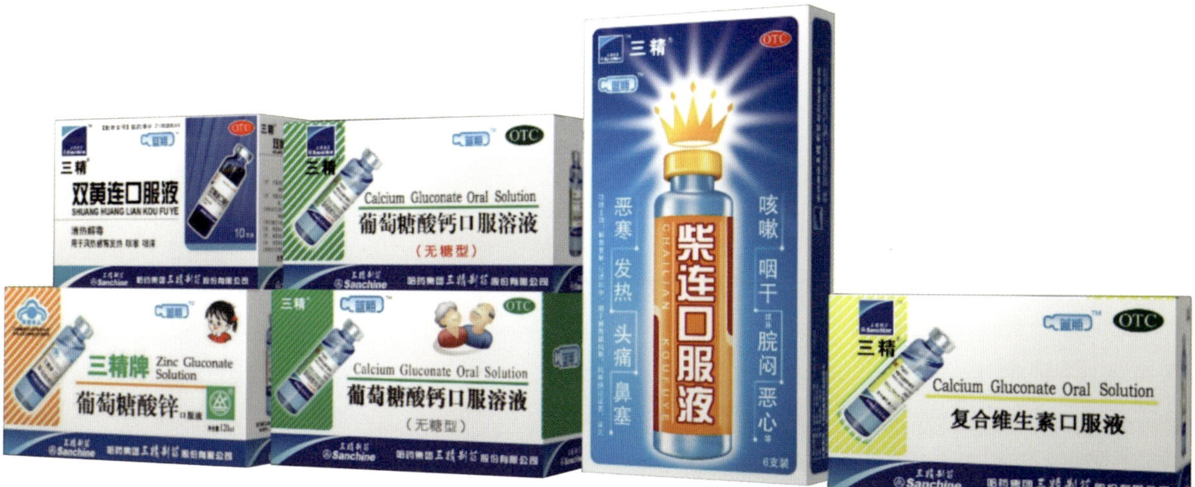

项目名
三精

设计师
陈伟恩

策略师
华杉　叶朔岑

项目名	设计师	策略师	插画师
小葵花	宗丽雯　施玲　汪璐	颜艳　宋雅辉	傅毅康

小儿智力糖浆
小儿咳喘灵颗粒
阿莫西林颗粒
小儿氨酚黄那敏颗粒
小儿化痰止咳颗粒(低糖型)
小儿肺热咳喘颗粒

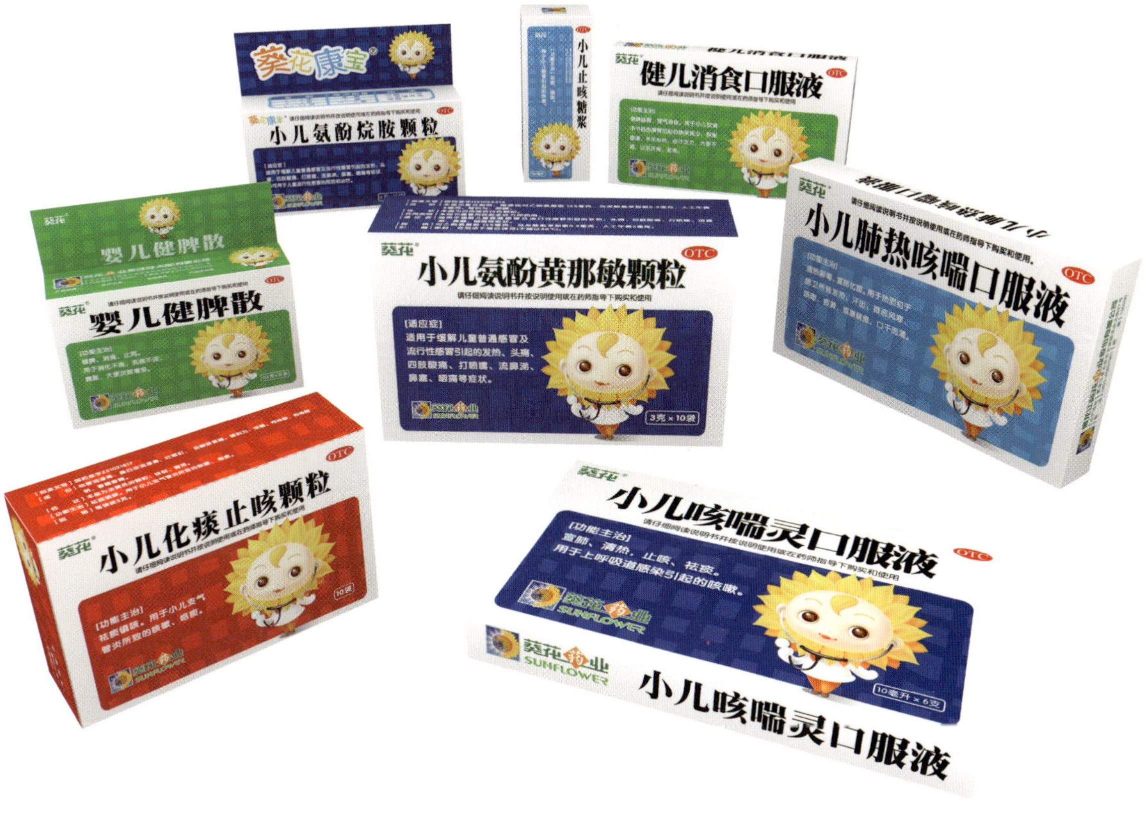

葵花康宝
小儿氨酚烷胺颗粒
小儿止咳糖浆
健儿消食口服液
婴儿健脾散
小儿氨酚黄那敏颗粒
[适应症]
适用于缓解儿童普通感冒及流行性感冒引起的发热、头痛、四肢酸痛、打喷嚏、流鼻涕、鼻塞、咽痛等症状。
3克×10袋
小儿肺热咳喘口服液
小儿化痰止咳颗粒
小儿咳喘灵口服液
[功能主治]
宣肺、清热，止咳、祛痰。用于上呼吸道感染引起的咳嗽。
葵花药业 SUNFLOWER
10毫升×6支

小葵花®
儿童要用儿童药!
OTC
广告
清肺热
治咳嗽
小葵花
请仔细阅读说明书并按说明使用或在药师指导下购买和使用。
OTC
小儿肺热咳喘口服液
【功能主治】
清热解毒，宣肺化痰。用于热邪犯于肺卫所致发热、汗出、微恶风寒、咳嗽、痰黄，或兼喘息、口干而渴。
10ml×6支
葵花药业
SUNFLOWER
黑龙江葵花药业股份有限公司
HEILONGJIANG SUNFLOWER PHARMACEUTICAL CO.,LTD
【批准文号】国药准字Z10950080 黑药广审(文)第220409-00100号 请按药品说明书或在药师指导下购买和使用。【不良反应】大剂量服用，可能有轻度胃肠不适反应。
【禁忌】尚不明确。【通用名称】小儿肺热咳喘口服液【功能主治】清热解毒，宣肺化痰。用于热邪犯于肺卫所致发热、汗出、微恶风寒、咳嗽、痰黄，或兼喘息、口干而渴。

小葵花®
中国儿药领先品牌
儿童要用儿童药!
保障中国儿童用药安全
呵护中国儿童健康成长
感冒类
益生菌类
止咳类
胃肠类
儿童抗生素
补益类
去火类
每年销售3亿盒
葵花药业
SUNFLOWER

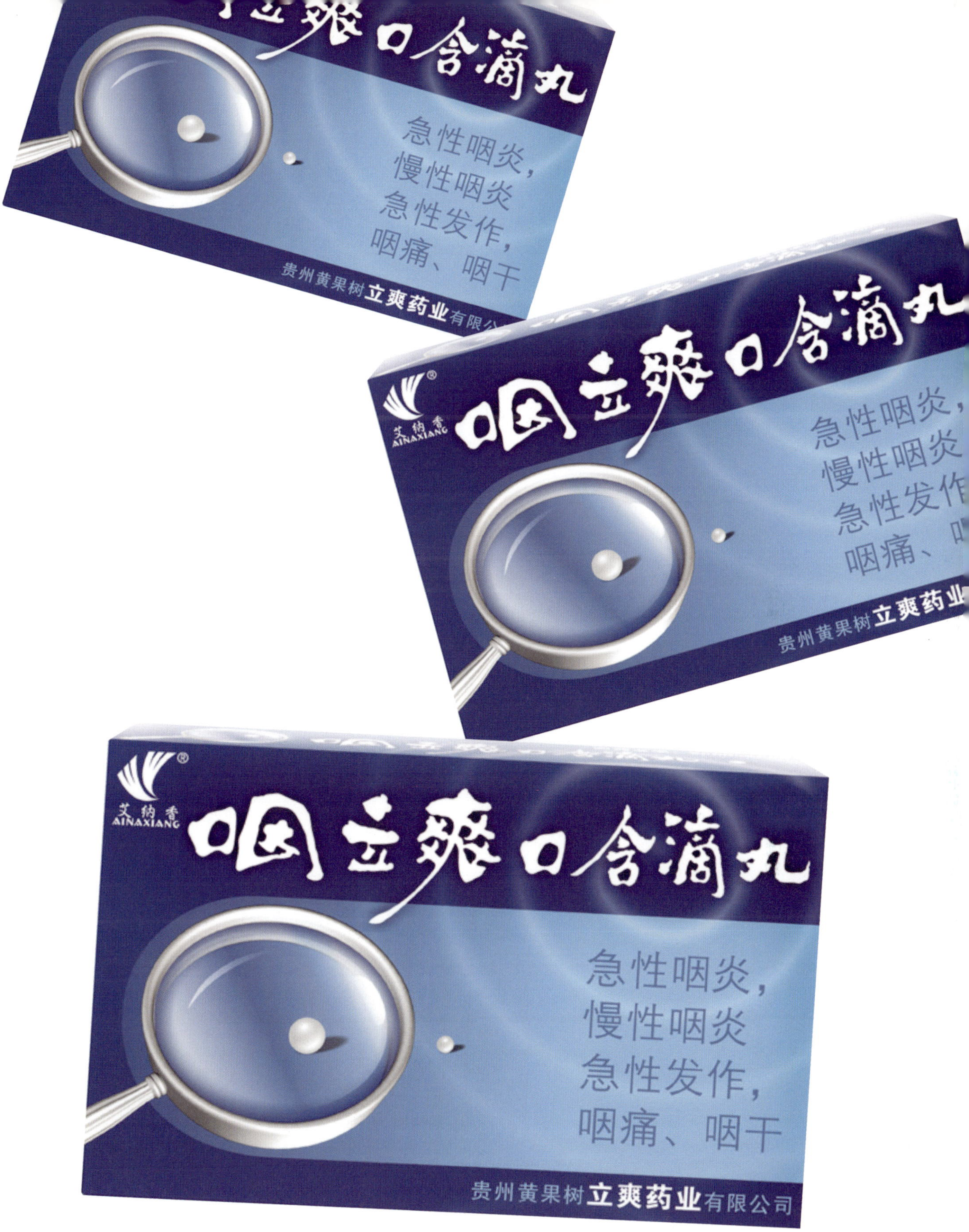

项目名	设计师	策略师
咽立爽	肖征	李铁

巧用消费者四个角色
增加包装体验价值

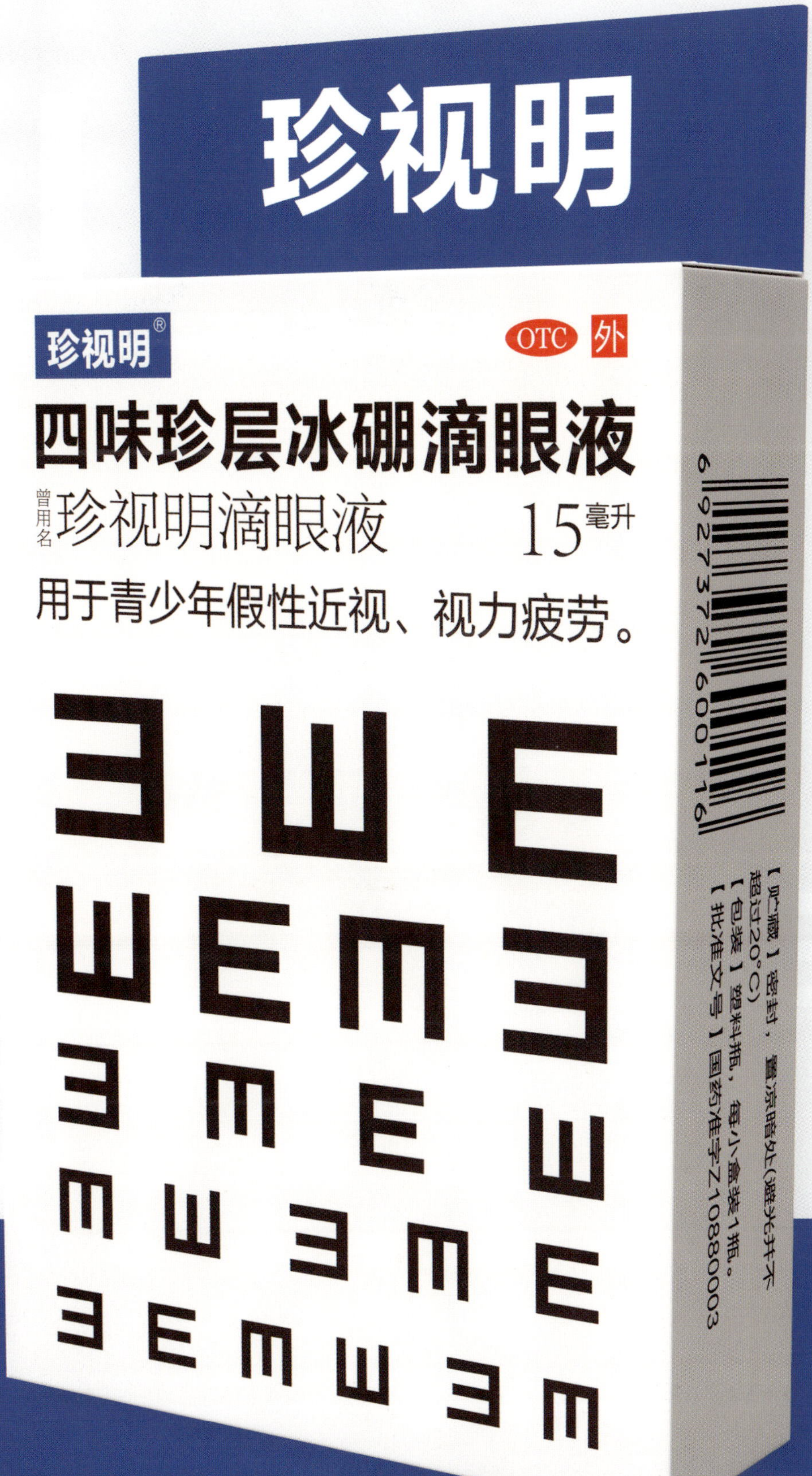

项目名	设计师	策略师
珍视明	陈伟恩	程举贤

新旧包装对比

OLD
旧包装

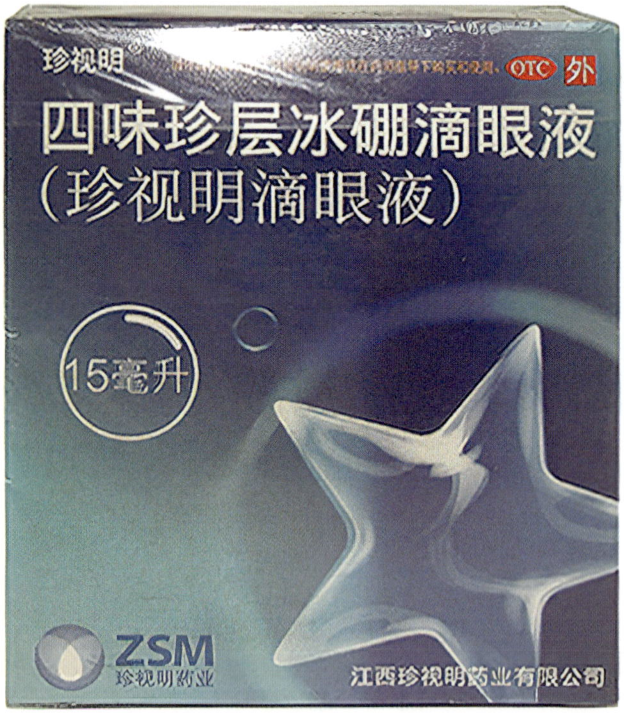

发现问题

原包装的设计未能有效传递出产品信息和品牌信息，造成包装媒体性功能的浪费。若不是有“滴眼液”的文字说明，消费者很难一眼认出该产品属于何种品类；左上角小小的品牌名也很难被阅读到，不能形成品牌资产的积累。

NEW
新包装

解决问题

“视力表”是保护视力的符号，检测视力则是人们在生活中会真实遇到的情景，所以“视力表”也是体验的道具。将“视力表”应用在包装上，不仅能表明产品品类信息，也能赋予包装体验价值。在包装盒顶部增加信息展位，放大品牌名，用包装助力品牌资产的积累。

拆解新包装的关键机关

机关 1 “视力表”上包装，增加包装的体验价值

机关 2 设计包装的“延伸”广告位，重复品牌信息，提高传播效率

机关 3 在法规要求下，最大限度放大产品信息，方便消费者阅读和识别

机关 4 标明使用人群和针对症状，加快购买决策

机关 5 利用包装盒顶面，重复展示产品信息

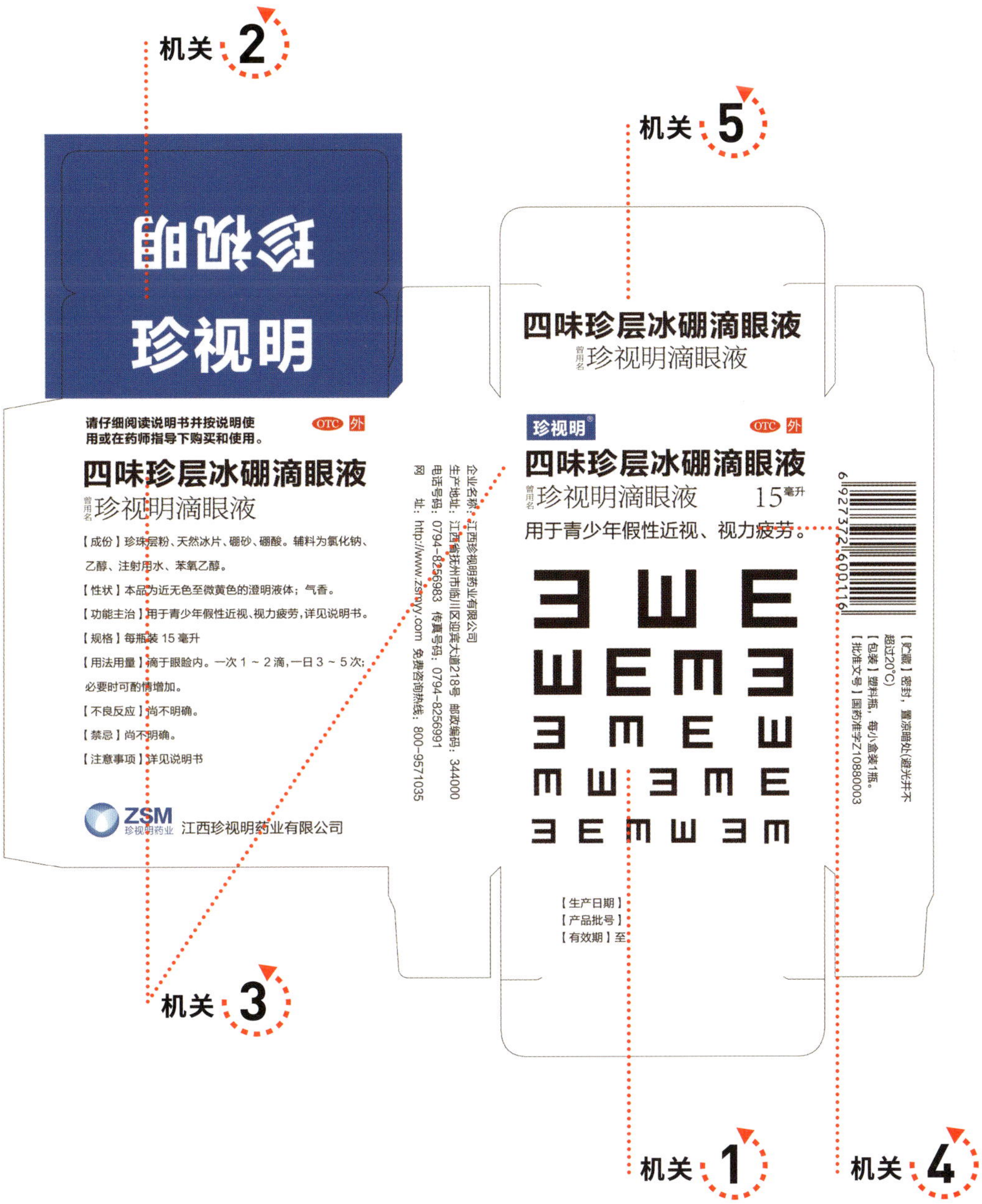
机关 2
机关 5
珍视明
珍视明
四味珍层冰硼滴眼液
曾用名 珍视明滴眼液
请仔细阅读说明书并按说明使
用或在药师指导下购买和使用。
OTC 外
四味珍层冰硼滴眼液
曾用名 珍视明滴眼液
【成份】珍珠层粉、天然冰片、硼砂、硼酸。辅料为氯化钠、乙醇、注射用水、苯氧乙醇。
【性状】本品为近无色至微黄色的澄明液体；气香。
【功能主治】用于青少年假性近视、视力疲劳，详见说明书。
【规格】每瓶装 15 毫升
【用法用量】滴于眼睑内。一次 1 ~ 2 滴，一日 3 ~ 5 次；必要时可酌情增加。
【不良反应】尚不明确。
【禁忌】尚不明确。
【注意事项】详见说明书
ZSM 珍视明药业 江西珍视明药业有限公司
企业名称：江西珍视明药业有限公司
生产地址：江西省抚州市临川区迎宾大道218号 邮政编码：344000
电话号码：0794-8256983 传真号码：0794-8256991
网 址：http://www.zsmyy.com 免费咨询热线：800-9571035
珍视明®
OTC 外
四味珍层冰硼滴眼液
曾用名 珍视明滴眼液 15毫升
用于青少年假性近视、视力疲劳。
6 927372 600116
【贮藏】密封，置凉暗处(避光并不超过20°C)
【包装】塑料瓶，每小盒装1瓶。
【批准文号】国药准字Z10880003
【生产日期】
【产品批号】
【有效期】至
机关 3
机关 1
机关 4

机关 1 “视力表”上包装，增加包装的体验价值

华与华把消费者分为四个角色：受众、购买者、使用者、传播者。

“视力表”是日常生活中人们检测视力的体验工具，将其用在包装上，首先能在货架上唤醒受众的记忆，促使购买行为的发生；同时，“视力表”上包装，增加了消费者在使用中的体验价值，也促使他们成为传播者，愿意在生活场景中不断地谈论和播传此品牌。

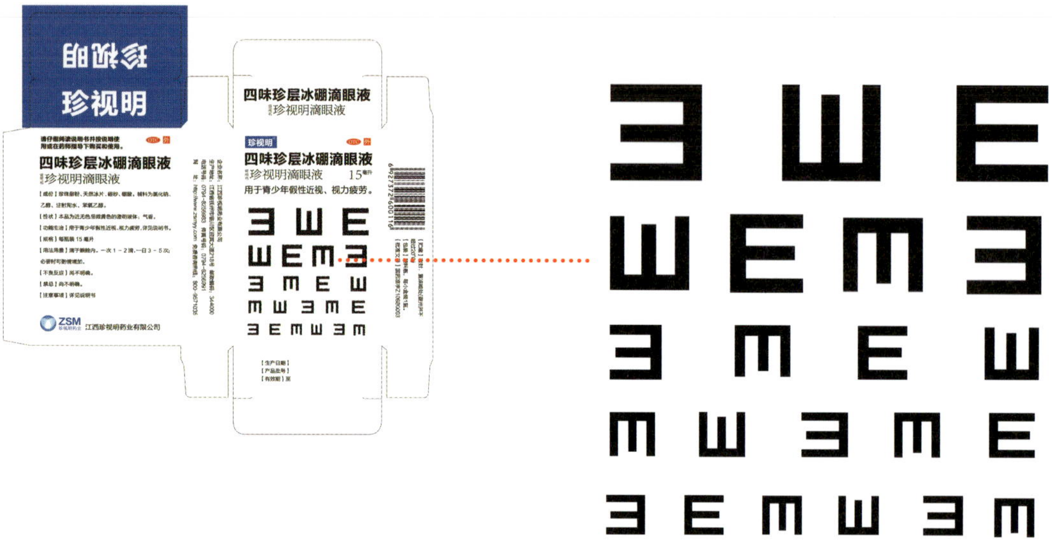

机关 2 设计包装的“延伸”广告位，重复品牌信息，提高传播效率

参考日本药妆品牌的包装设计方式，在包装盒顶部增加一个立面，再次展示“珍视明”品牌名。增加了一面信息展位，并用纯色底和白字强化品牌名，提高品牌的传播效率。

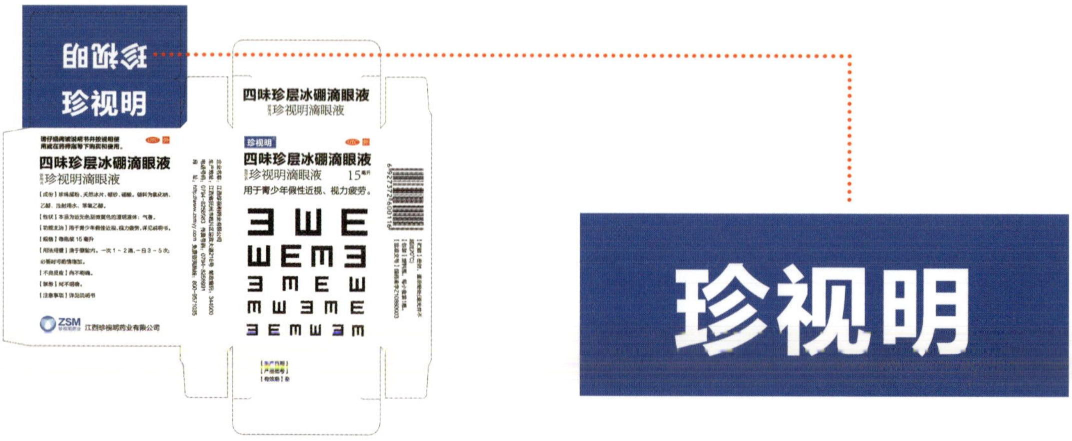

机关 3 在法规要求下，最大限度放大产品信息，方便消费者阅读和识别

首先，以放大加粗的方式着重突出产品名；其次，在药品包装相关法规要求下（品牌名只能是产品名的 1/4 大小），将“珍视明”品牌信息用垫色块的方式做视觉突出，提高信息的识别效率。

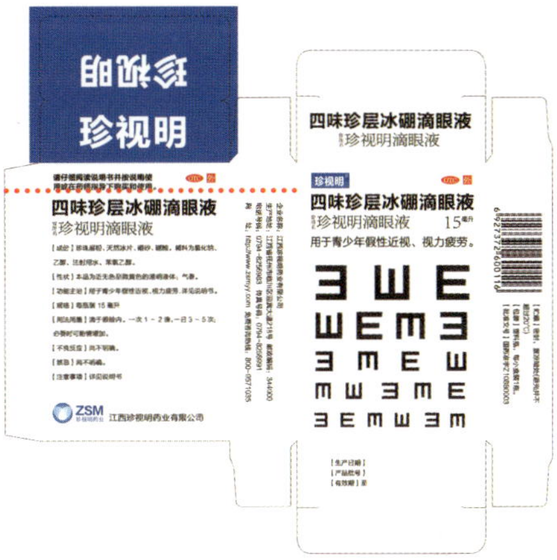

珍视明®　OTC　外

四味珍层冰硼滴眼液

机关 4 标明使用人群和针对症状，加快购买决策

标明使用人群和针对症状，使关键信息透明化，降低了消费者购买的决策成本。

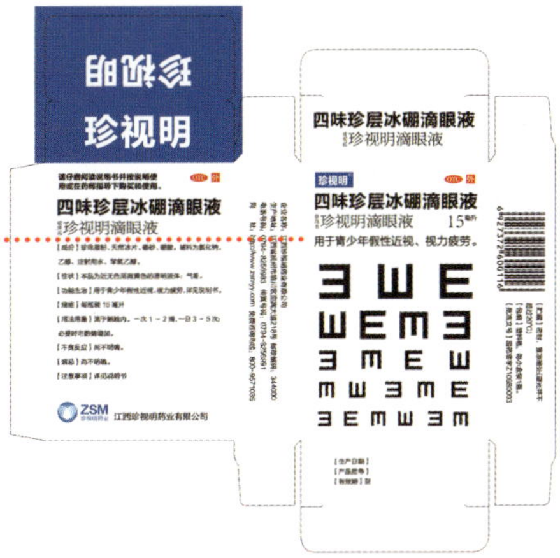

用于青少年假性近视、视力疲劳。

机关 5 利用包装盒顶面，重复展示产品信息

包装盒的顶面，既是在货架上陈列时可被阅读的一面，也是使用者打开包装时必然能看到的一面。在此面再次放置产品信息，便是增加产品信号释放的机会。

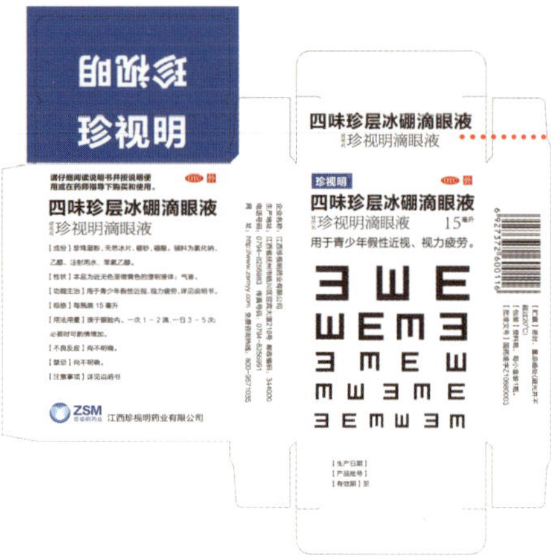

四味珍层冰硼滴眼液

曾用名 珍视明滴眼液

系列包装及终端陈列

保护视力
快用珍视明滴眼液
治疗假性近视、防止视力下降
新装上市!
珍视明
四味珍层冰硼滴眼液
(珍视明滴眼液)
用于青少年假性近视、视力疲劳。
视力问题早知道，对照
珍视明视力表
保护视力 快用珍视明滴眼液
免费领取
珍视明视力对照表
视力问题早知道

走到现场做包装
降低选择成本

项目名	设计师	策略师
爱好	徐旭东	倪珺芳　糜嘉滢

新包装

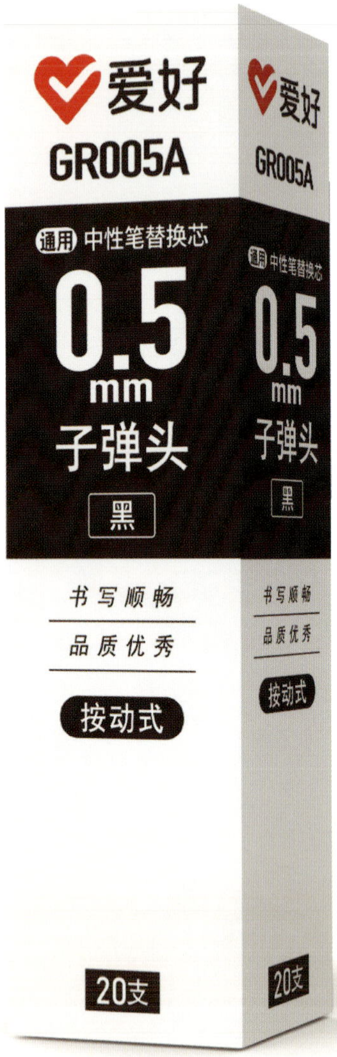

设计思路

通过终端走访发现，市场上大部分笔芯的关键信息在货架上很难被发现，但对消费者来说，购买笔芯时最关心的就是笔芯的“颜色”“规格”“笔头”等关键信息。这款笔芯包装的设计，建立了新的版式规范，将笔芯的关键信息放大，并采取大色块的处理方式拉出专区，降低了消费者的选择成本。

爱好
GR005A
通用 中性笔替换芯
0.5
mm
子弹头
黑
书写顺畅
品质优秀
按动式
20支
红
按动中性笔替换芯
0.5mm
20支

拆解新包装的关键机关

机关 1 规范版式，将产品信息放大并在每一个面都重复，确保消费者能够在不同角度一眼就看到

机关 2 基于理货方式，做顶部信息规范化设计

机关 3 规范品牌名与产品名组合版式，积累品牌资产

机关 4 放大产品购买理由，打动消费者购买

机关 5 增加“空白自由设计区”，便于对不同主题的系列产品自由发挥设计

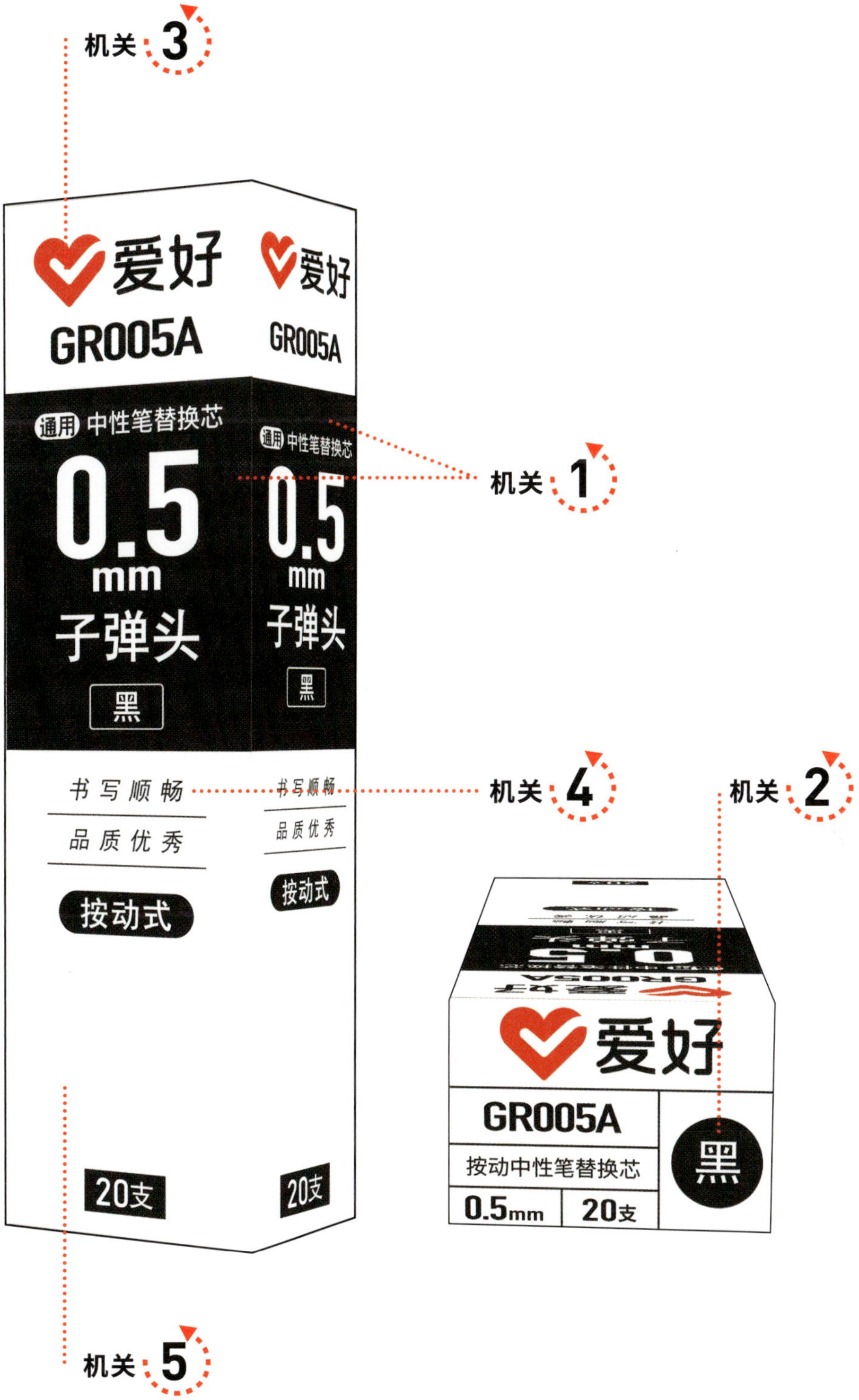
机关 3
机关 1
机关 4
机关 2
机关 5
爱好
GR005A
通用 中性笔替换芯
0.5 mm
子弹头
黑
书写顺畅
品质优秀
按动式
20支
按动中性笔替换芯
0.5mm

机关 1 规范版式，将产品信息放大并在每一个面都重复，确保消费者能够在不同角度一眼就看到

统一版式，以产品相应的颜色为底色，放大并重复笔芯的型号等产品关键信息，降低消费者的选择成本，以及经销商理货、找货的成本。

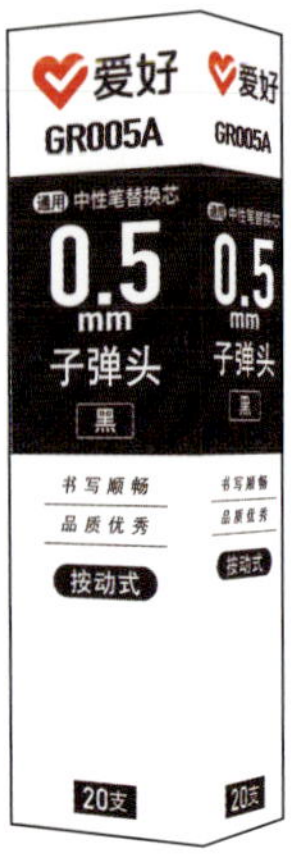

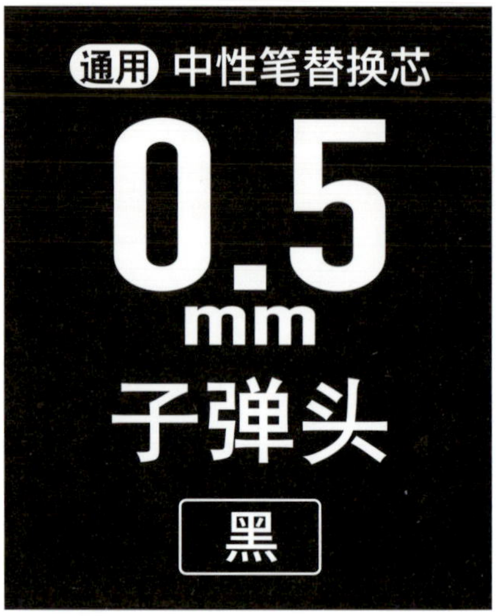

机关 2 基于理货方式，做顶部信息规范化设计

笔芯在整盒陈列时，一般是包装盒顶部或底部面对理货员，因此为方便理货员快速找货，规范了包装两端的产品信息排版，将理货员最关注的产品型号放到最大，再处理产品信息。

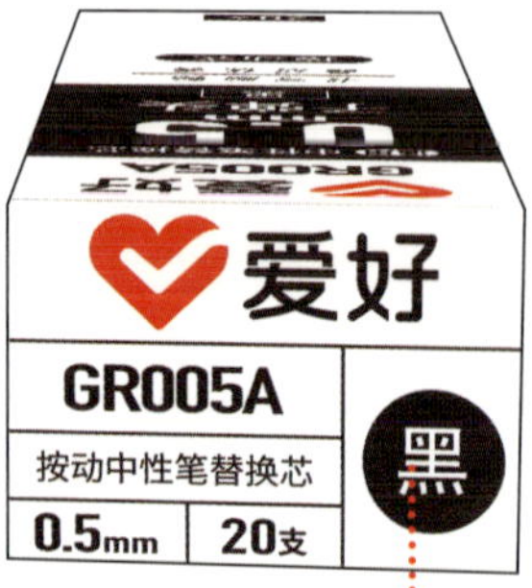

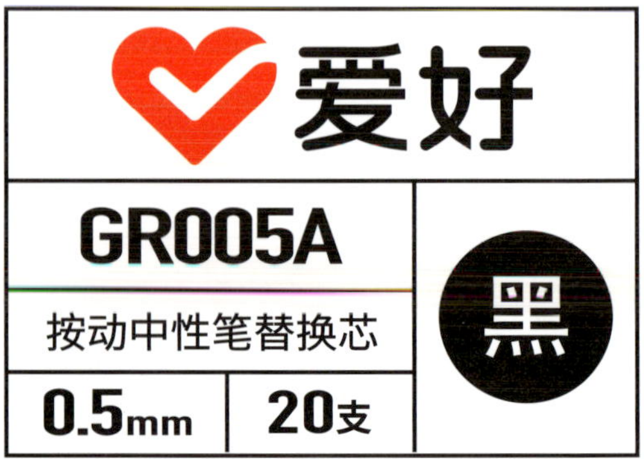

机关 3 规范品牌名与产品名组合版式，积累品牌资产

把爱好的超级符号及产品名放在每一面的顶端位置，将品牌名与产品信息进行组合规范使用，并以多面展示，积累品牌资产。

爱好
GR005A

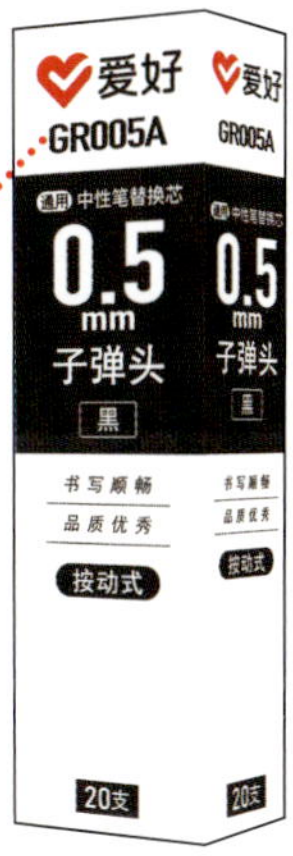

机关 4 放大产品购买理由，打动消费者购买

在包装上放大产品购买理由“书写顺畅，品质优秀”，打动消费者购买。

书 写 顺 畅

品 质 优 秀

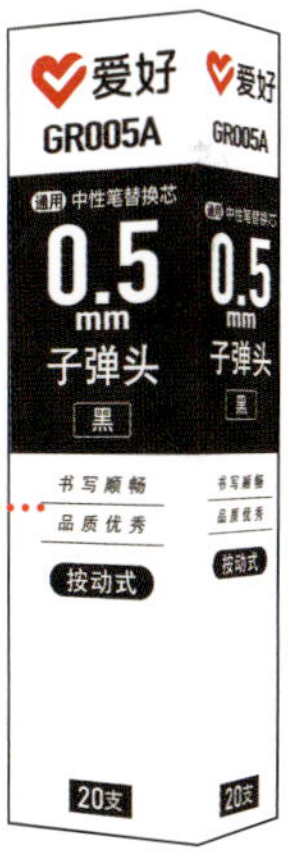

机关 5 增加“空白自由设计区”，便于对不同主题的系列产品自由发挥设计

在包装上增加“空白自由设计区”，因“爱好”的 SKU（库存计量单位）非常多，留出这些空白的自由设计区域，后期便于设计师针对不同主题的系列产品自由进行设计。

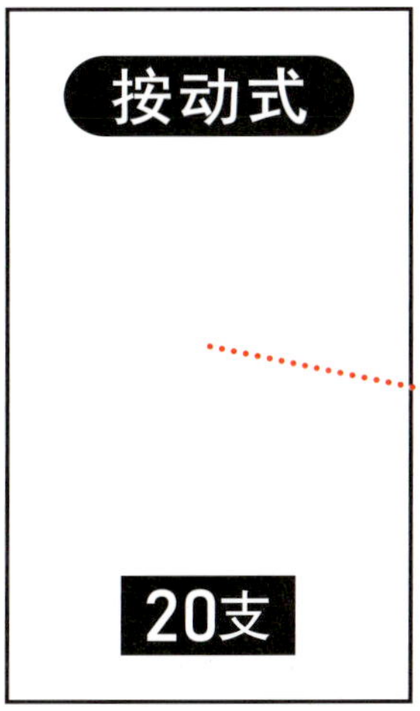

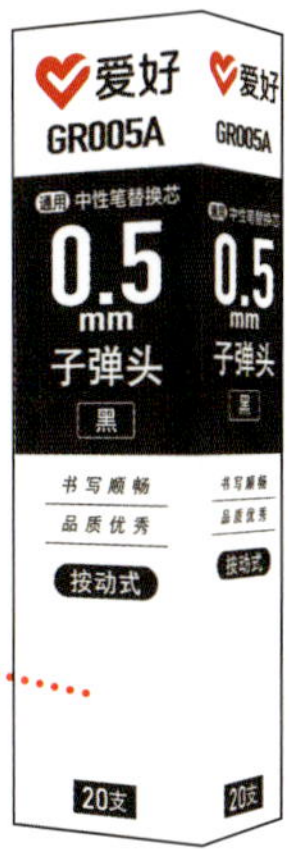

系列包装及终端陈列

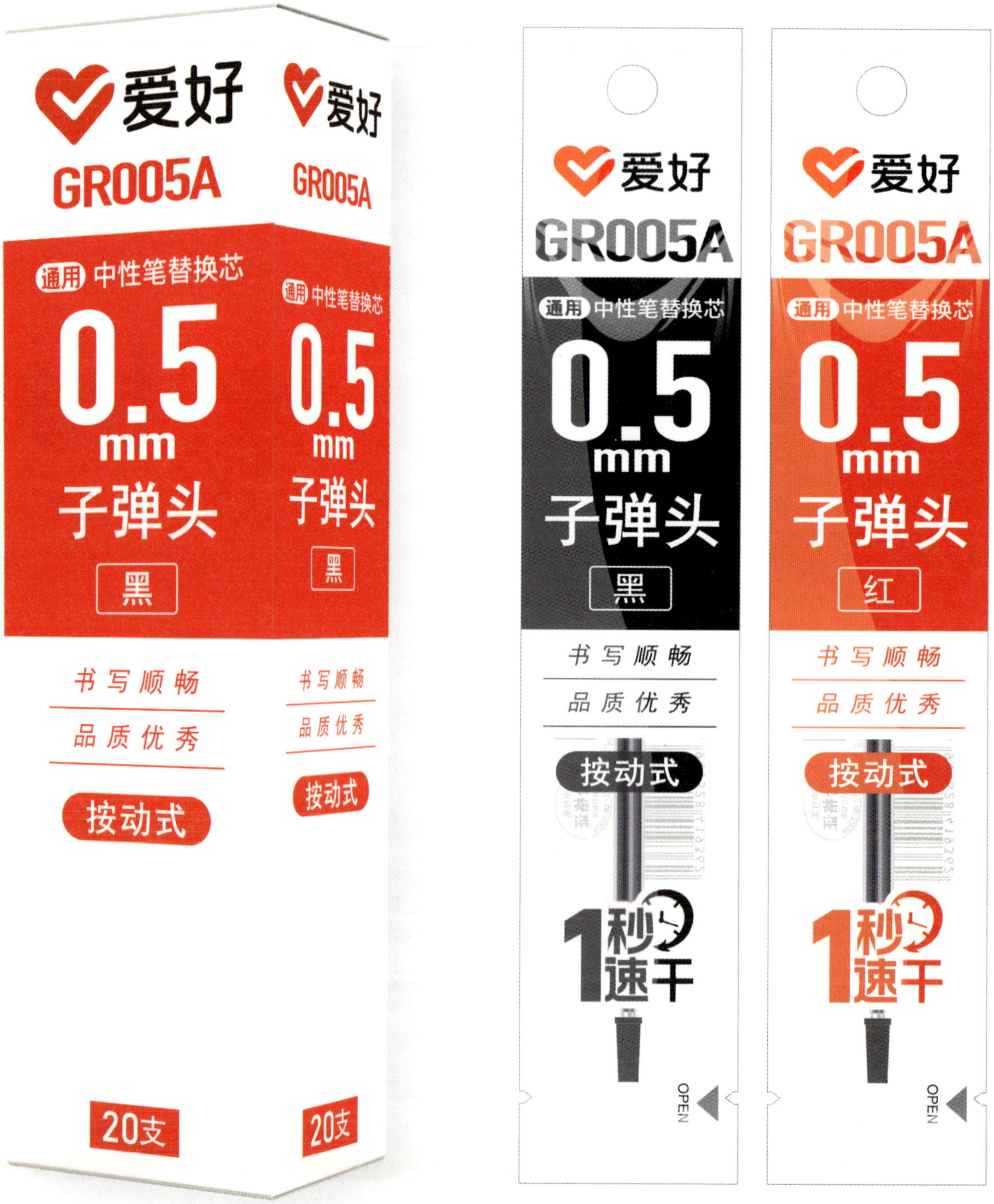

爱好
GR005A
通用 中性笔替换芯
0.5 mm
子弹头
黑
书写顺畅
品质优秀
按动式
20支
爱好
GR005A
通用 中性笔替换芯
0.5 mm
子弹头
黑
书写顺畅
品质优秀
按动式
1秒速干
OPEN
爱好
GR005A
通用 中性笔替换芯
0.5 mm
子弹头
红
书写顺畅
品质优秀
按动式
1秒速干
OPEN

爱好
GR005A
0.5
mm
子弹头
黑
红
书写顺畅
品质优秀
按动式
1秒速干
AIHAO爱好
摩易擦
1370
1650
M&G晨光
4049
POETRY
&DISTANCE

1946

建立新品类
积累品牌资产

项目名	设计师	策略师
田七牙膏	肖征	董俊峰　夏晓燕

新旧包装对比

OLD
旧包装

发现问题

原包装的品牌名缺少识别性，“田七”的品牌标志使用白色字体，直接印在绿色上不抓人眼球，不易被识别、被记住。同时，原包装风格较为老派，与其他竞品的包装相比，显得相对陈旧，在货架上既不具备陈列优势，也缺乏竞争优势。

NEW
新包装

解决问题

新包装为品牌名“田七”做了视觉上的强化设计，红色字体的“田七”出现在绿底的包装上，并配合光晕效果，让消费者的视觉中心第一时间就自然地聚焦在“田七”的品牌名上。同时，重新规划了包装的排版标准版式，用品牌名和产品名分区的版式，配合具有现代感的设计元素辅助，增强产品的现代感，同时使产品在货架上具备陈列优势。

拆解新包装的关键机关

机关 1 利用撞色及光效设计，聚焦消费者的视觉中心

机关 2 左右区隔品牌区和产品区，便于货架统一和消费者识别

机关 3 用“田七植物牙膏王国”徽章，强化品牌主打植物成分的特性，后续基于此，推出田七洗洁精、田七洗衣粉等其他系列产品

机关 4 基于销售终端的理货习惯，将包装连续两面都作为正面陈列面，确保从每个角度都可以看到品牌名和产品名

机关 5 左下角增加“新升级”的 icon 设计，让消费者直观感受到产品的新价值

机关 6 将《本草纲目》中对田七的记述印上包装，为品牌的中药特性做背书

机关 7 插画形式使产品使用效果更加直观

机关 6
机关 3
机关 5
机关 1
机关 2
机关 4
机关 7
特效中药牙膏
主要活性成份：田七提取物
中国驰名商标
始于1945年
留兰香型
净含量120克
广西奥奇丽股份有限公司
神奇的田七：

机关1 利用撞色及光效设计，聚焦消费者的视觉中心

红字出现在绿色的包装底色上，再增加白色光晕，将消费者的视觉中心瞬间聚焦在“田七”的品牌名上，降低了整个包装的识别成本。

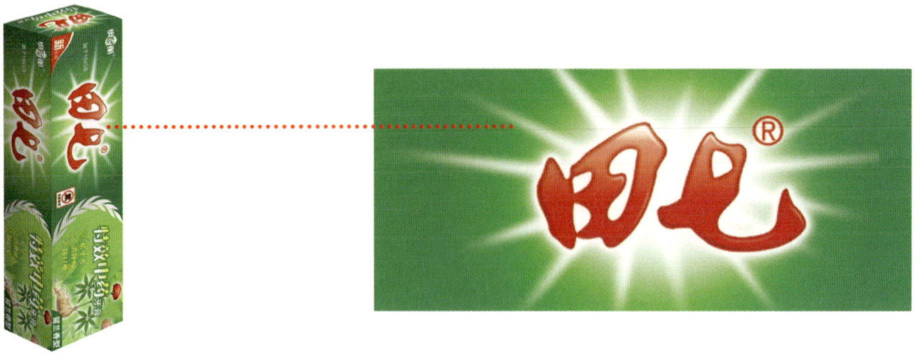

机关2 左右区隔品牌区和产品区，便于货架统一和消费者识别

左半边为品牌区（固定不变），右半边为产品区（随不同的品类而定设计），分区的设计不仅便于品牌资产积累，也便于日后其他系列产品的包装设计。

机关3 用“田七植物牙膏王国”徽章，强化品牌主打植物成分的特性，后续基于此，推出田七洗洁精、田七洗衣粉等其他系列产品

将“田七”品牌标志以徽章的形式展现，再次强化田七品牌是主打植物成分的品牌，形成品牌资产。后续开发了田七其他植物系列日化产品，如田七洗洁精、田七洗衣粉等。

机关 4 基于销售终端的理货习惯，将包装连续两面都作为正面陈列面，确保从每个角度都可以看到品牌名和产品名

基于牙膏产品终端销售时的理货习惯，理货员不一定会将每个包装都摆放至正面陈列，因此在做设计时，一改常规的做法，将连续两个面作为产品正面陈列面设计，无论理货员如何摆放，总能让消费者看到品牌区和产品区。

机关 5 左下角增加“新升级”的 icon 设计，让消费者直观感受到产品的新价值

机关 6 将《本草纲目》中对田七的记述印上包装，为品牌的中药特性做背书

将“田七”的形象插画和《本草纲目》中对田七的记述相结合，在为消费者普及相关知识的同时，也加强了消费者对田七品牌是主打中药成分的品牌认知。

机关 7 插画形式使产品使用效果更加直观

使用插画 icon 作为“针对症状和使用效果”的图解，更加直观且易于理解，降低消费者的阅读成本。

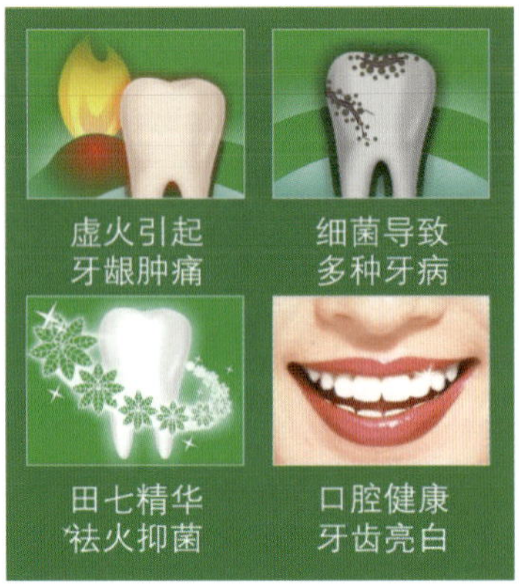

系列包装及终端陈列

奥奇丽
始于1945年
田七
特效中药牙膏
祛牙火
消肿痛
防口疮
留兰香型
新升级

奥奇丽
始于1945年
田七
特效中药牙膏
留兰香型
新升级

让包装上每一处信息都能单独发挥作用

项目名	设计师	策略师	插画师
世家洁具	徐前程	叶朔岑　夏晓燕	傅毅康

新旧包装对比

OLD
旧包装

发现问题

原包装的设计没有视觉重点，包装上信息的规划较为分散，让消费者阅读信息时无法快速捕捉到重要信息。同时，包装在终端陈列时不占优势，在同品类包装中不易被发现；品牌名信息虽然够大，但不利于识别和记忆。整体来看，原包装被消费者发现和选择的成本都过高。

NEW

新包装

解决问题

新包装的设计一方面增加“清洁魔法师”的品牌角色，将品牌角色与品牌名相结合，降低包装被发现和品牌被记忆的成本，同时积累品牌资产；另一方面通过对信息版式进行规范设计和信息层级的规划，让消费者能够快速识别关键信息。

拆解新包装的关键机关

机关 1：品牌角色上包装，降低识别成本的同时积累品牌资产

机关 2：产品命名中包含购买理由，刺激消费者购买

机关 3：用品牌纹样打造包装在货架上的陈列优势

机关 4：用实体产品照片，更加一目了然，让消费者清晰地看到产品的样子

机关 5：使用场景配合文字，增强产品的带入感，刺激消费者购买欲望

机关 6：强调产品“改进技术”的信息，并以图像化的方式详解，增强产品价值感

机关 7：增加建议小贴士以及承诺信息，体现品牌的专业度

机关 8：充分利用包装位，再次展示购买理由

机关 3
机关 8
机关 1
机关 2
机关 7
机关 6
机关 5
机关 4
死角克星布拖
夹布式
超低面板设计
超细纤维布
世家
清洁用品专家
世家又有新改进
产品性能又有新改进
安装使用又有新改进
放心承诺
360°旋转拖头
加送
配布一块
世家又有新改进 5 大新改进
适用范围
ART.NO.: 20211
ISO9001:2008
宁波世家洁具有限公司
60°C

机关 1 品牌角色上包装，降低识别成本的同时积累品牌资产

“世家先生”的角色形象，具有亲和力和沟通力，既容易被消费者接受，也更容易播传出去。将该品牌角色印上包装，并将之进行放大处理，创造视觉亮点，提高包装被发现和被选择的概率；同时用该角色统一所有系列产品，也为品牌积累了品牌资产。

机关 2 产品命名中包含购买理由，刺激消费者购买

机关 3 用品牌纹样打造包装在货架上的陈列优势

从瓷砖的形状中寻找到菱形格子的元素，其形状的阵列形式感，可以起到强制抓取视线的作用。将菱形格子与代表清洁的蓝白配色进行组合设计，使产品获得在货架上的陈列优势，从而吸引消费者关注。

机关 4 用实体产品照片，更加一目了然，让消费者清晰地看到产品的样子

机关 5 使用场景配合文字，增强产品的带入感，刺激消费者购买欲望

用插画图示的方式，说明产品的使用范围及使用场景。
以实际生活中难以清扫的地方为示例，突出产品优势，
刺激消费者的购买欲望。

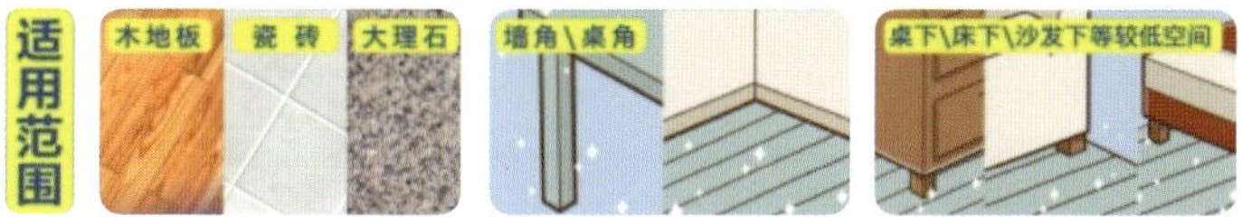

机关 6 强调产品“改进技术”的信息，并以图像化的方式详解，增强产品价值感

以图像化的方式展示“改进技术”，进一步强化产品新价值，促进购买行为的发生。

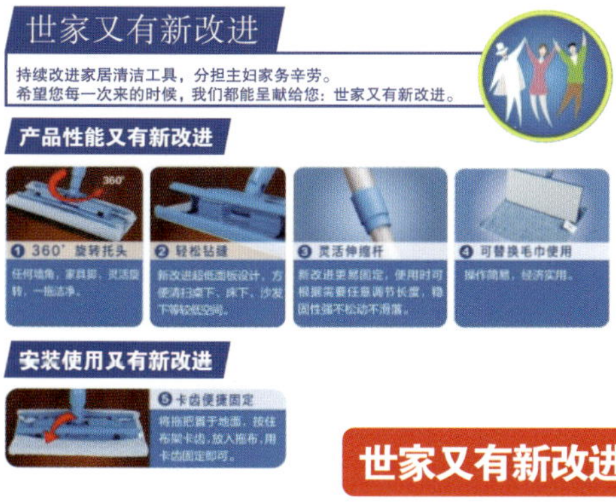

机关 7 增加建议小贴士以及承诺信息，体现品牌的专业度

世家建议

- 请定期更换世家专用配件，防止二次污染。
- 机洗时，请放入洗衣袋中。

放心承诺

为保障消费者权益，购买本产品因质量问题造成损坏的，公司负责免费修理更换。本公司保留最终解释权。

机关 8 充分利用包装位，再次展示购买理由

将产品名及购买理由的信息，再次放置在包装侧面，充分利用包装位来增加品牌信息释放的机会。

系列包装及终端陈列

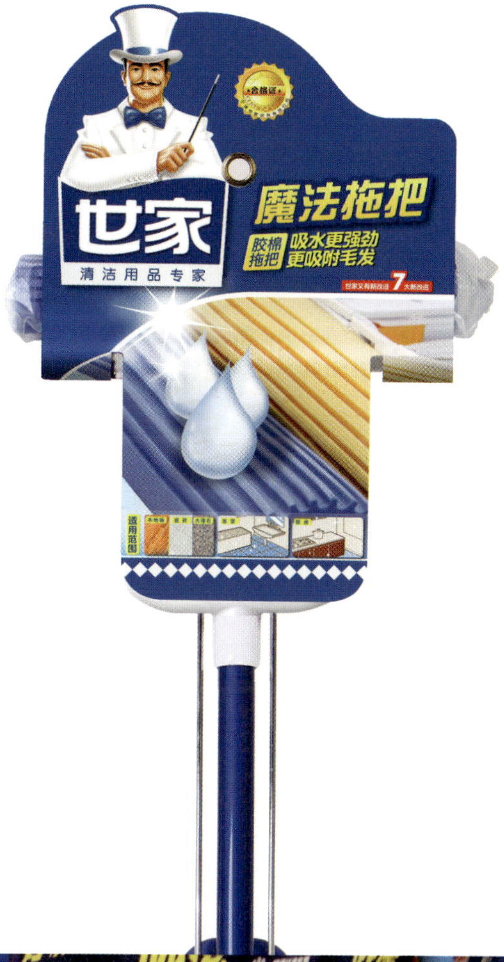
世家
清洁用品专家
魔法拖把
胶棉拖把
吸水更强劲
更吸附毛发

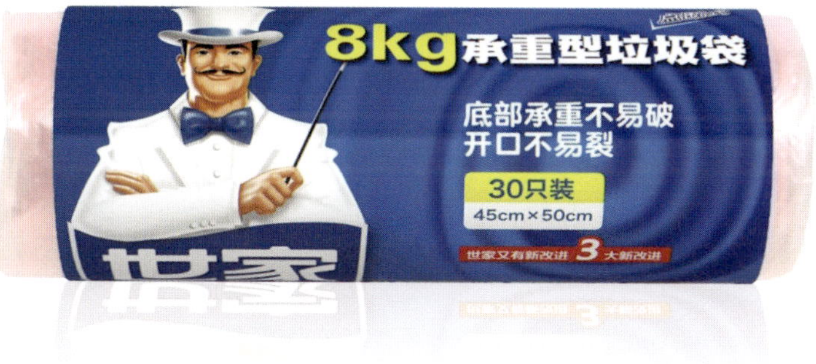
8kg承重型垃圾袋
底部承重不易破
开口不易裂
30只装
45cm×50cm
世家又有新改进 3 大新改进
世家

世家
清洁用品专家
粘布式
加长加固型面板 魔术贴布
超大平拖
一次拖地更大面积
拆洗更便捷
妙洁

放大产品系列名
降低消费者的决策成本

锅中之皇 炊大皇

皇

COOKER KING

项目名	设计师	策略师
炊大皇	童先奇	雷莉　徐舒慧

炊大皇
对应商品名及货号拿盒装锅
货号:CKNC32AB
6 921761 847441
炊大皇
晶星石不粘锅
超轻锅
系列
畅销全球68国
国家标准参与制订者
非物质文化双遗传承人
3-4人
直径 32CM
锅中之皇 炊大皇
皇
COOKER KING

新旧包装对比

OLD
旧包装

发现问题

“炊大皇”炒锅的原包装设计产品卖点不够明显，一眼看上去很难识别出这款锅的特征和优势，并且配色使用了同类产品中最常见的“黑红”色。放在终端货架上，原包装设计一方面很难一眼识别出品牌，另一方面也很难在自己的品牌当中区分出不同的产品系列，需要销售员的补充介绍，消费者才能清晰地辨识。

NEW
新包装

解决问题

新包装设计选用“帝王黄”作为品牌色，并用黄黑格建立陈列优势，让炊大皇的产品更容易跳出货架。同时，将重新规划后的产品系列名称放大，放在包装视觉中心位，让消费者一眼识别产品卖点，降低决策成本。

拆解新包装的关键机关

机关 1 放大产品系列名，降低消费者的决策成本

机关 2 大面积使用品牌“帝王黄”色，让产品在货架上脱颖而出

机关 3 根据实际购买场景，设计相应的锅套形状

机关 4 用“皇”字锅标，持续积累品牌资产

机关 5 用黄黑格子打造包围终端的强势品牌纹样，获得陈列优势

机关 6 用富有食欲感的菜品图，让消费者联想到使用场景，刺激消费者购买

炊大皇
对应商品名及货号拿盒装锅
货号:CKNC32AB
6 921761 847441
炊大皇
机关 2
机关 3
晶星石不粘锅
超轻锅
系列
机关 1
畅销全球 68国
国家标准 参与制订者
非物质文化 双遗传承人
3-4人
直径 32CM
机关 6
锅中之皇 炊大皇
皇
COOKER KING
机关 4
机关 5

机关 1 放大产品系列名，降低消费者的决策成木

将重新命名后的产品系列名放大，放在包装视觉中心位，让消费者一眼就能识别出产品卖点，降低其决策成本。

机关 2 大面积使用品牌“帝王黄”色，让产品在货架上脱颖而出

发挥炊大皇品牌名与生俱来的戏剧性，选用具有帝王原力的黄色作为品牌主色，并在锅套手柄处大面积使用，这样既能使产品在货架上脱颖而出，吸引消费者眼球，同时品牌名中的“皇”字与品牌色“黄”又容易让人产生联想记忆，降低消费者的记忆成本。

PANTONE Yellow 012C

机关 3 根据实际购买场景，设计相应的锅套形状

通过终端走访，发现中国老百姓买锅时习惯反复地摸锅，原来的锅贴形式，不易于消费者触摸到锅底。新的包装以“三现主义”为出发点，改善了锅贴的形式，既满足了便于安装的要求，又方便消费者直接摸到锅。

机关 4 用“皇”字锅标，持续积累品牌资产

用“锅”的形象与“皇”字相结合，创意出炊大皇的品牌标志，突出了行业属性；同时，在不同系列产品上重复使用，也为品牌持续积累品牌资产。

机关 5 用黄黑格子打造包围终端的强势品牌纹样，获得陈列优势

机关 6 用富有食欲感的菜品图，让消费者联想到使用场景，刺激消费者购买

系列包装及终端陈列

炊大皇
1.18kg
超轻锅系列
品牌
安全承诺书
深煎锅系列
轻至2瓶矿泉水
炊大皇
超轻锅
199.00
169.00
炊大皇
炊大皇

炊大皇
炊大皇
超轻锅
女士 单手掂锅不费劲
轻至1.1kg≈2瓶矿泉水
特惠价
¥199
限时特惠 原价：298元
SUPOR

超轻锅系列
深煎锅系列
炊大皇
炊大皇
超轻锅 ¥100-300

铁锅 ¥200-300
炊大皇
不锈钢 ¥200-300
炊大皇
铁锅 ¥100-200
炊大皇
煎炒两用锅 ¥100-300
炊大皇
品牌
轻至2瓶矿泉水
炊大皇
炊大皇
炊大皇

用包装占领色号
让颜色成为品牌资产

项目名
SKG

设计师
徐前程　王凡

策略师
贺绩　吴彩虹　张斌麟　张容芳

新旧包装对比

OLD
旧包装

发现问题

SKG 的品牌色原本是金色，但金色在品牌识别系统中，通常属于一种特殊的工艺，在不同的材质中容易出现色差，且金色作为品牌色不容易被识别，难以积累品牌资产。

NEW
新包装

解决问题

将 SKG 原本的品牌色金色，改成了蓝绿色。一方面，这个颜色是在人类潜意识里普遍认为最能代表舒适和安心的颜色，很好地契合了该产品的使用体验。另一方面，颜色的记忆和识别成本远远低于文字，持续占领一个色号，让它成为品牌超级符号的一部分，持续积累，形成品牌资产。

拆解新包装的关键机关

机关 1 用色如用兵，颜色是让品牌跳出货架的秘密武器

机关 2 品牌谚语上包装，突出购买理由

机关 1
SKG
颈椎按摩仪
K5
脖子不舒服，常用SKG颈椎按摩仪
机关 2

机关 1 用色如用兵，颜色是让品牌跳出货架的秘密武器

选择一个高饱和度与高明度的颜色，可以让 SKG 在以“黑白灰”为主色的数码产品市场环境中快速获得消费者的关注，让产品在销售场景中脱颖而出，从而帮助 SKG 建立起线上线下的终端陈列优势。

机关 2 品牌谚语上包装，突出购买理由

品牌谚语是购买理由的关键信息，以“脖子不舒服”带入消费需求场景，以“常用 SKG”给出消费指引。这降低了消费者的决策成本，同时加速其做出购买决策。

系列包装及终端陈列

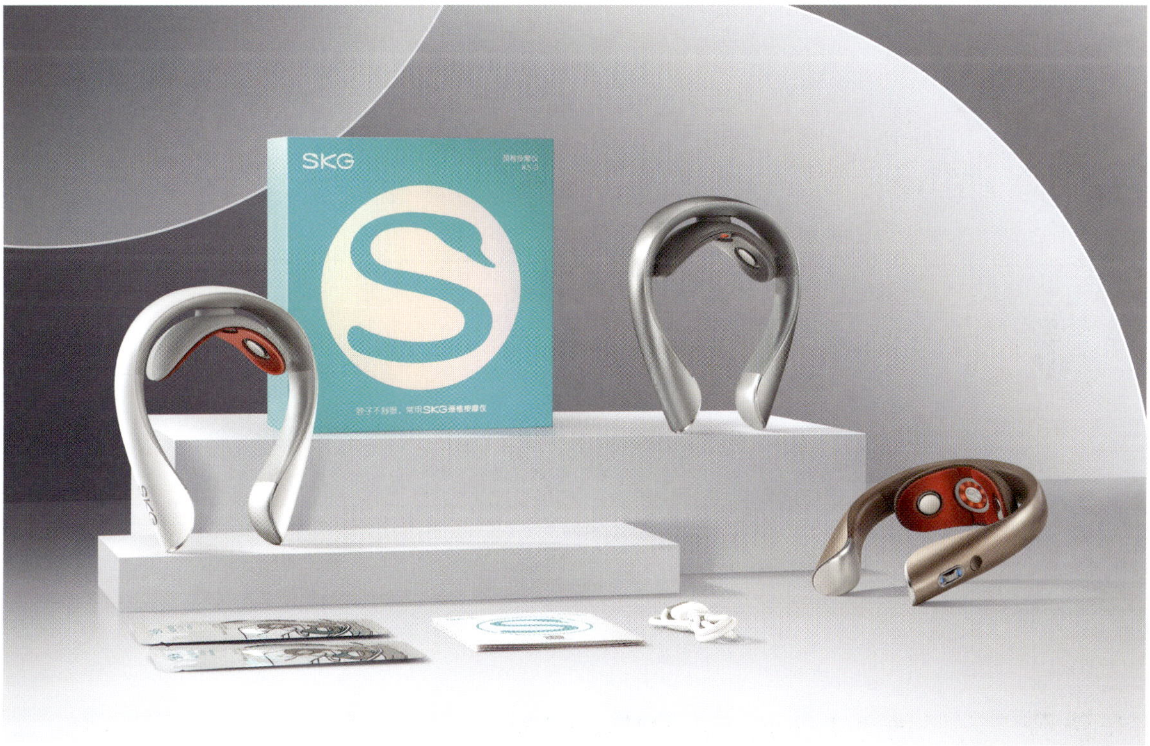

SKG

Yunmai
云麦肌肉按摩筋膜枪
SKG颈椎按摩仪
SKG按摩筋膜枪
G7 Pro
脉冲加推揉
全能按摩手
四区按摩
赶走酸痛
F7
全新运动级
更强更舒爽

附录

名词解释

超级符号

所有的传播都是符号的编码和解码。超级符号，就是使用信息传达效率最高、信号能量最强的符号来进行编码。建立品牌就是建立符号，一个超级品牌就是一个伟大的符号系统。品牌要么始于符号，要么成为符号。

根据“五感”，我们可以把超级符号分为视觉符号、听觉符号、嗅觉符号、味觉符号和触觉符号。在本书中，我们提到的超级符号常指视觉符号，如品牌标志、品牌角色、品牌颜色、品牌纹样等。

示例：

海底捞的“Hi”品牌标志、小葵花的葵花娃娃品牌角色、SKG 的品牌色、厨邦的绿格子品牌纹样。

海底捞

小葵花

SKG

厨邦酱油

文化原力

文化原力是指人类文化的原型力量。嫁接了超级符号，品牌就获得了人类文化的原型力量，可以轻易改变消费者的品牌偏好，让消费者产生熟悉感，从而做出购买决策。

示例：

厨邦的绿格子品牌纹样。看到绿格子，消费者就会本能地想到餐桌布，味蕾受到刺激从而做出反射。

厨邦酱油

品牌谚语

谚语是指人类古老的忠告和经验的传承，是有文化原力的，所以是记忆和传播成本最低的句式。传播的本质不是“传播”，而是“播传”。品牌谚语就是为品牌设计一句记忆成本和传播成本最低的话，“播”出去，发动消费者替我们“传”。

示例：

· 爱干净，住汉庭（汉庭酒店）
· 六颗星牌长效肥，轰它一炮管半年（六颗星牌长效肥）
· 米饭要讲究，就吃老娘舅（老娘舅）
· 我爱北京天安门正南 50 公里（固安产业新城）
· 鲜丰水果鲜又甜，不鲜不甜不要钱（鲜丰水果）

品牌角色

品牌角色就是一个品牌的卡通形象，其本质也是为了降低品牌的传播成本。和超级符号一样，将具有文化原力的形象，通过“私有化”改造，形成独有的品牌角色。不断投资品牌角色，能形成并持续积累品牌资产。

示例：

蜜雪冰城的“雪王”、小葵花的“葵花娃娃”、读客文化的“熊猫君”。

蜜雪冰城

小葵花

读客文化

品牌资产

品牌资产是能给企业带来效益的消费者的品牌认知。跟品牌相关的任何事，包括符号创意、品牌谚语创意等，一切以能不能形成品牌资产、保护资产、增值资产为标准。要追求的是，从第一天开始投下去的第一分钱，以及未来投下的每一分钱，在多少年之后都能够从中获得利息，甚至可以随时套现。

品牌纹样

品牌纹样是指将具有规律性、指向性的图案私有化，形成品牌的超级纹样。这些图案具有很强的视觉控制性，拥有让人看一眼就能记住的视觉效果。在包装上使用品牌纹样，即使包装被扔掉、被撕碎，消费者也依然能够识别出品牌，达到二次传播的效果。

示例：

厨邦酱油的“绿格子”、幸运方便面的“菱形格”。

厨邦酱油

幸运方便面

购买理由

购买理由是心理上的打动机制。购买是由购买理由驱动的，不是由需求驱动的。购买理由就是对暗号，引起消费者的注意，达成购买。在包装上放大购买理由，就是放大对消费者的刺激信号。

示例：

湘村黑猪“清水一煮就好吃”。

湘村黑猪

特别鸣谢

李　瑶

华与华商学

自2021年华与华首本设计类书籍《华与华文库之设计的目的》推出后，在市场上取得了良好的反馈。我们决定将更全面、更系统的华与华设计方法总结成套路，形成“设计的目的”系列书籍，一本书一个设计类目，全面讲透设计的目的。

《华与华文库之包装设计的目的》为此系列的首推书籍。本书由“华与华商学”策划及组编，通过对华与华资深设计师进行专访，萃取包装设计经验，形成一套成体系的华与华包装设计方法。全书共收录5大类别、27个包装案例，详细拆解华与华的包装设计机关。

本书的顺利推出，离不开每一位为本书做出巨大贡献的伙伴。

特别感谢华与华总经理肖征先生、董事合伙人颜艳女士、华与华商学总经理夏晓燕女士、华与华品牌总监刘伟女士对本书的指导与支持。感谢重庆别镜文化传播有限公司的唐旭老师及其团队对本书版式设计的巨大贡献。感谢华与华商学刘庆庆女士对本书内容编辑的巨大贡献。

同时，还要感谢为本书提供丰富内容的华与华项目组的伙伴们——

（以下排名不分先后）

程林越	张卓毅	王国任	林奕杰	陈伟恩	孙艳艳	徐前程
吴宏普	方有华	王　可	张少彬	雷　莉	查胜利	于　杰
黄晨涛	李江海	林　微	周庆一	陈　远	杨　笑	赵春媚
任秀杰	徐旭东	梁洪滨	周云凤	刘　伟	张　懿	郭　鑫
宗丽雯	沈明礼	糜嘉滢	孙艳峰	童先奇	雷　莉	王　凡
张容芳						

华与华文库

超级符号序列

《超级符号就是超级创意》

席卷中国市场21年的华与华战略营销创意方法

《超级符号原理》

只要人类还有眼睛和耳朵，还使用语言，
《超级符号原理》就能教你如何影响人的购买行为

《华与华使用说明书》

不投标！不比稿！
100%精力服务现有客户，长期坚持就会客如云来

《华与华正道》

走正道，很轻松，一生坚持必成功

《华与华方法》

企业经营少走弯路、少犯错误的九大原理

《华与华百万大奖赛案例集》

翻开本书，看华与华用14个传奇案例讲透好创意的标准，
手把手教你做出好创意！

《华与华超级符号案例集》（已出3册）

同一个创意套路诞生上百个经典案例，
21年来不断颠覆中国各个行业

《华与华超级符号案例全史》

全面收录华与华20年来155个案例，无遗漏、无隐藏、
无秘密讲透如何用超级符号打造超级品牌！

《华与华文库之设计的目的》

品牌设计、门头设计、包装设计、广告设计、海报设计
都服务于同一目的，就是卖货！立刻卖！持续卖！一直卖！
这需要目标明确的系统性设计解决方案！